Zur Geschichte der

Sächsischen Leib-Grenadier-Garde (II)

14.11.1813 – 21.08.1815

Beiträge zur sächsischen Militärgeschichte zwischen
1793 und 1815

Heft 49

Abb. 01   Umgegend von Leuven, Maastricht; Lüttich
und Namur

Zur Geschichte der

Sächsischen Leib-Grenadier-Garde (II)

14.11.1813 – 21.08.1815

Bibliographische Information der Deutschen Bibliothek

Die Deutsche Bibliothek verzeichnet diese Publikation in der Deutschen Nationalbibliographie; detaillierte bibliographische Daten sind im Internet über http://dnb.ddb.de abrufbar.

Die Deutsche Bibliothek – CIP – Einheitsaufnahme

Jörg Titze (Hrsg.)

Zur Geschichte der Sächsischen Leib-Grenadier-Garde (II) 14.11.1813 – 21.08.1815

ISBN 978-3-7528-2854-2

Herstellung und Verlag:

BoD- Books on Demand, Norderstedt

Inhaltsverzeichnis

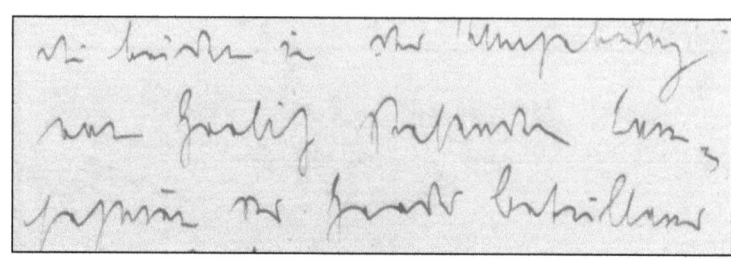

Abb. 02   Beispieltext zu 1812/!§

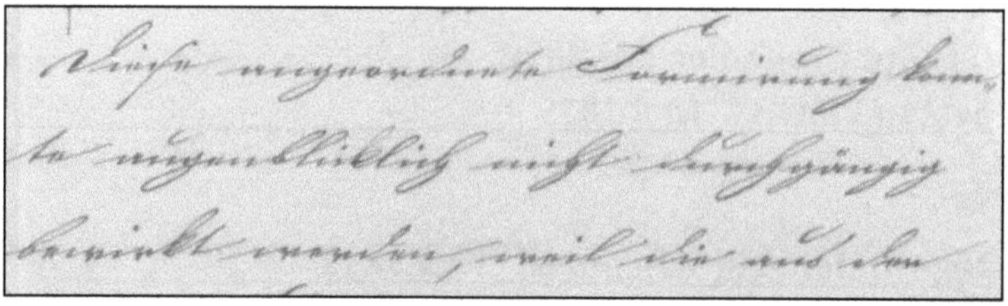

Abb. 03   Beispieltext zu 1813 - 1815

Vorwort

Im Hauptstaatsarchiv Dresden befindet sich eine Reihe handschriftlicher Akten zu den Regimentern Garde du Corps und Leib-Grenadier-Garde. Der Verfasser der Akten ist jedoch nicht vermerkt. Höchstwahrscheinlich handelt es sich bei diesen Akten um einen Teil des Nachlasses des Oberhofmeisters August von Minckwitz[1], aus dem wohl Georg v.Schimpff das Material für sein Werk[2] entnommen hat.

August v.Minckwitz selbst hat aus diesem umfangreichen Material wohl nur ein Werk veröffentlicht[3].

Die in Dresden (noch?) vorhanden Akten zur Leib-Grenadier-Garde beinhalten eine Materialsammlung mit chronologischen Notizen zu Organisation, Uniformierung und Ausrüstung.

Der im vorliegenden Heft wiedergegebene Abschnitt ist einer von zwei (bisher aufgefundenen) durchgeschriebenen Texten, die sich mit den geschichtlichen Ereignissen befassen. Der Abschnitt zu 1813-1815 weist ein völlig anderes Schriftbild auf, als die sonstigen Notizen. Auch ist der weitere Text (zu 1812/13) bedeutend kürzer

---

[1] Friedrich August von Minckwitz (• 08.09.1817 in Berlin / † 25.02.1892 in Dresden) 1855 Kammerherr, 1867 Kämmerer und Oberhofmeister, 1872 wirkl. Geheimer Rat)

[2] „Die ersten kursächsischen Leibwachen zu Roß und zu Fuß und ihre Geschichte – aus dem Nachlaß des Oberhofmeisters August von Minckwitz"

[3] „Die Brigade Thielmann in dem Feldzuge von 1812 in Russland"

Der Text selbst ist so originalgetreu wie möglich, lediglich der heutigen Rechtschreibung angepasst, wiedergegeben.

Bedanken möchte ich mich beim Team des Hauptstaatsarchives in Dresden für die wie immer problemlose Bereitstellung der Akten.

Natürlich möchte ich mich auch bei Ihnen, verehrter Leser, dafür bedanken, dass Sie sich zum Kauf dieses Buches entschlossen haben. Insofern Sie Anregungen und Kritiken haben, über den Inhalt diskutieren oder mir einfach nur mitteilen wollen, ob Ihnen das Buch gefallen hat, so können Sie mich via email unter sachsen-titze@t-online.de erreichen.

Ihr   Jörg Titze

Geschichte vom 14.11.1813 bis mit 21.08.1815

Die königl. sächsischen Truppen wurden den 14ten November von der Blockade der Festung Torgau abgerufen, um zur weiteren Teilnahme an dem Krieg neu formiert zu werden. Eine kgl. preußische Brigade löste sie diesen Tag früh ab und sie bezogen, zu diesem Zwecke in der Nähe von Merseburg Kantonierungsquartiere.

Das Garde-Grenadier-Bataillon marschierte demnach den 14ten nach Eilenburg, den 15ten nach Glessin und traf den 16ten in Merseburg ein, wo es in und um Merseburg bis den 6ten Dezember stehen blieb. Den 6ten Dezember bezog es anderweite Kantonierungsquartiere in und bei Querfurt.

Der in russische Dienste getretene Generalleutnant Freiherr von Thielmann hatte indessen von Sr Majestät dem Kaiser von Russland das Kommando der bei Merseburg gesammelten Überreste der sächsischen Armee erhalten und sollte mit diesen /: ohngefähr 9.000 Mann stark :/ Mitte des Monats Dezember über Hildesheim zu der Armee des Kronprinzen von Schweden stoßen, welche gegen den bei Hamburg stehenden frz. Marschall Davout operierte, als die sächsischen Truppen dem 3ten deutschen Armeekorps zugeteilt wurden, dessen Kommando der regierende Herzog von Sachsen-Weimar erhielt.

In Folge dieser Bestimmung empfing das Garde-Grenadier-Bataillon , welches den 16ten Dezember nach

Eisleben aufgebrochen war, Befehl den Marsch nicht fortzusetzen, kantonierte vom 17ten in und bei Sanger-hausen und vom 23ten Dezember bis mit 2ten Januar 1814 in und bei Allstedt. Hier erhielt die Armee eine neue Formierung. – Sie sollte, außer den Landwehren und dem Banner der freiwilligen Sachsen, einen Etat von 20.000 Mann, jedoch die Depots mit einbegriffen, erhalten und bestehen in

> 1 Regiment Kürassiere
> 1 Regiment Ulanen
> 1 Regiment Husaren
> 1 Eskadron Stabsdragoner
> 1 Grenadier-Regiment
> 3 Linien-Infanterie-Regimenter
> 2 leichte Infanterie-Regimenter
> 1 Jäger Bataillon
> die hierzu gehörige Artillerie mit 7 Batterien, inkl. zweier reitender und einer fahrenden Batterie sowie Sappeure, Pontonniere und Ouvriere

Diese angeordnete Formierung konnte augenblicklich nicht durchgängig bewirkt werden, weil die aus der russischen Kriegsgefangenschaft rückkehrenden Soldaten noch nicht alle angekommen waren; doch trafen später-hin alle diese Truppen auf dem Kriegsschauplatz ein, bis auf 2 Bataillone des 3ten Linien-Infanterie-Regiments.

Von der Landwehr langten 4 neu gebildete Regimenter bei dem Korps in den Niederlanden an, der Banner der freiwilligen Sachsen stieß zu dem 5ten deutschen Armee-korps und wohnte einem Teil der Blockade von Mainz bei. In Summe ergab dies eine Armee von fast 40.000 Kombattanten, welche Sachsen zu diesem Kriege stellte.

Das Grenadier-Regiment wurde zu 3 Bataillonen formiert; das 1ste Bataillon aus dem Leib-Grenadier-Garde-Regiment; das 2te aus dem Bataillon König und das 3te aus sämtlichen Grenadieren der Armee. Der Oberst Prinz Bernhard von Sachsen-Weimar erhielt das Kommando des Regiments und es war selbiges für den bevorstehenden Marsch der Infanterie-Brigade des General-Majors v.Ryssel provisorisch zugeteilt.

Das 3te deutsche Armeekorps – zu welchem noch eine Brigade von Anhalt-Thüringen inkl. der Linientruppen, Landwehren und Freiwilligen der Häuser Sachsen-Weimar, Gotha, Anhalt und Schwarzburg geteilt wurden – hatte nun die Bestimmung erhalten, sich in den Niederlanden mit den verbündeten Heeren zu vereinigen; es erhielt den 2ten Januar 1814 seine Kantonnements in Sachsen, um über Kassel, Lippstadt, Münster pp. diese Vereinigung zu bewirken.

Dem Grenadier-Regiment war folgende Marschrichtung gegeben, den

3ten Januar	Gehofen – Regiments Stabs-Quartier
4ten	Sondershausen
5ten	Bleicherode
6ten	Heiligenstadt
7ten	Bischofshausen
8ten	Rast
9ten	Kassel
10ten	Wenigen-Hassungen
11ten	Arolsen
12ten	Büren

13ten Lippstadt

Hier traf der Herzog von Weimar bei dem Korps ein; er hielt Revue über das Grenadier-Regiment und sprach seine vollkommene Zufriedenheit über die Haltung und einige ausgeführte Bewegungen desselben aus. Inmittelst war der zeitherige Kommandant des Garde-Grenadier-Bataillons Oberstleutnant v.Radeloff zum Depot versetzt nach Sachsen zurückgegangen und dem Major v.Jeschky das Kommando dieses Bataillons übertragen worden.

Das 3te deutsche Armeekorps, welches bis den 18ten bei Lippstadt kantonierte, brach diesen Tag wieder auf, marschierte über Münster und wegen der Überschwemmung der Yssel über Zwolle nach Breda.

Das Grenadier-Regiment marschierte den

19ten Ahlen

20ten Münster

21ten Steinfurt

22ten daselbst Rast

23ten Entzschkete (*Enschede*)

24ten Bierlo, wo es bis den 26ten stehen blieb, da der bei Doesburg beabsichtigte Übergang der Yssel nicht ausführbar war; den

27ten Goar

28ten Hattem

29ten Zwolle

30ten Elburg, passierte hier die Yssel

31ten Hartenwiek (*Harderwijk*)

1sten Februar Amersfoort

2ten Cuilenburg (*Culemborg*) und über den Rhein

3ten Bommel

4ten Wiek bei Heusden

5ten Breda, blieb hier bis zum 7ten stehen

8ten Hoogstraten

9ten Heerendals (*Herentals*)

10ten Louvain (*Leuven*)

11ten Brüssel, wo der Herzog von Weimar Hauptquartier nahm, das Gros der Korps als Reserve des preuß. von Bülowschen Korps, welches gegen Mons vorrückte, aufstellte, einen Teil des sächsischen Korps aber, unter dem General-Major v.Gablenz, zur Blockade von Antwerpen, vor dieser Festung zurückließ.

Der General-Leutnant v.Lecoq war während dieser Bewegungen bei dem Korps angekommen, hatte, da der Herzog dem Korps voraneilend nach Breda gegangen war, das Kommando desselben unterdessen geführt und übernahm nun die spezielle Leitung der 1sten Brigade, welcher das Grenadier-Regiment angehörte.

Die Niederlande gegen das frz. Armeekorps des Generals Maison zu decken, welches bei Lille stand und durch die Besatzung der Festungen Condé, Valenciennes, Bouchain, Le Quesnoi und Maubeuge bedeutend verstärkt werden konnte, inkl. Antwerpen zu beobachten, war für die Schwäche des 3ten deutschen Armeekorps, nach dem am 18ten erfolgten Abmarsch des preuß. Generals v.Bülow gegen Laon, eine schwierige Aufgabe. Derselben jedoch möglichst zu genügen und die vorgesehene

Stellung des preuß. General-Leutnants v.Borstel zu decken, welcher von dem General v.Bülow bei Tournay mit einer Brigade zurückgelassen und unter die Befehle des Herzogs von Weimar gestellt worden war, brach das Korps den 18ten von Brüssel auf, um Mons, Ath und Leuze zu besetzen. Das Garde-Grenadier-Bataillon marschierte in Folge dieser Bewegung den 18ten nach Enghien, den 19ten nach Ath; das 2te Grenadier-Bataillon nach Lessiner, das 3te nach Leuze, wo das 2te Bataillon den 20ten auch eintraf.

Die Wichtigkeit des Besitzes von Maubeuge, in Hinsicht der Kommunikation mit dem General von Bülow und Winzingerode, bestimmte den Herzog von Weimar diese Festung den 25ten rekognoszieren zu lassen und zur Teilung der Aufmerksamkeit des Feindes Demonstrationen gegen Condé und Valenciennes anzuordnen. Mit der Bewegung gegen Maubeuge wurde der General-Major v.Ryssel beauftragt, welcher keinen Widerstand fand, sich jedoch wieder zurückzog, da man sich überzeugte, ohne Platzierung von Batterien nichts unternehmen zu können. Mit der Bewegung gegen Condé wurde der General v.Lecoq beauftragt und hierzu das 2te und 3te Grenadier-Bataillon, das 1ste Linien-Infanterie-Regiment, 1 6pfd. Batterie und eine Abteilung Kavallerie unter seine Befehle gestellt.

Bei Vieux Condé stieß der General auf eine überlegene, aus den Garnisonen von Condé, Valenciennes und Bouchain gezogene Abteilung unter dem frz. General Cara St.Cyr, welche gegen Tournay zu marschieren bestimmt war. Ein hitziges Gefecht entspann sich, welches den ganzen Tag währte, ohne dass der Feind

Vorteile erlangen konnte; am Abend bewerkstelligte der General-Leutnant v.Lecoq, dessen Zweck vollkommen erreicht war, seinen Rückzug ohne alles Hindernis. Die Truppen hatten mit Mut und Ausdauer, ohngeachtet der feindlichen Überlegenheit, das Gefecht stehend erhalten und das 2te Grenadier-Bataillon dabei 1 Korporal, 1 Tambour, 3 Grenadiere an Toten und 1 Feldwebel, 1 Zimmermann, 16 Grenadiere an Blessierten und das 3te Grenadier-Bataillon 1 toten und 1 blessierten Grenadier verloren.

Den 26ten Februar Mittags rückten beide Bataillone wieder in Leuze ein, wo auch den 28ten das Garde-Grenadier-Bataillon eintraf, welches in Folge dieser Bewegungen den 24ten nach Mons gerückt und bis den 27ten daselbst zur Besatzung aufgestellt gewesen war.

Am 1sten März griff der Feind von Lille aus die Vorposten des preuß. Generals v.Borstel an, ward aber Abends wieder zurückgedrängt.

Den 2ten bestand der General-Leutnant v.Borstel mit Erfolg ein Gefecht bei Courtray und zog sich, da der Feind Verstärkung erhielt, nach Audenarde und Deinze zurück. Den 5ten brach der frz. General Maison auf, um sich über Gent mit der Garnison von Antwerpen in Verbindung zu setzen, griff Audenarde an, welches der preuß. Oberst Hobe besetzt hielt, ward aber genötigt dieses Vorhaben aufzugeben und zog sich nach Courtray zurück. Den 6ten ließ der Herzog von Weimar von Tournay aus eine Rekognoszierung gegen Courtray machen, um den Obersten Hobe zu befreien, den er noch in Audenarde angegriffen wähnte; die Vortruppen entdeckten jedoch den Rückzug des feindlichen Korps. Für den folgenden Tag wurde ein Angriff auf Courtray angeordnet. Der Feind hielt noch diesen Ort, das Dorf Belleghem, Sweweghem und Härlebok besetzt. Die Hauptkolonne des sächs. preuß. Truppen rückte nach Warcoing vor, machte eine Entsendung nach Belleghem, welche einen Verhau und das Dorf selbst mit Sturm eroberte; eine gleiche Entsendung nach Sweweghem hatte der Feind nach einem lebhaften Gefecht zum Rückzug genötigt und der General Maison war nach Courtray zurückzugehen gezwungen worden. Den 8ten sollte nun Courtray angegriffen werden; der Feind hatte es jedoch verlassen und sich nach Lille zurückgezogen.

Schon einige Tage früher war die Anhalt-Thüringsche Brigade, von dem Prinz Paul von Württemberg befehligt, bei Tournay eingetroffen und, durch die feindlichen Bewegungen veranlasst, die am nächsten stehenden sächs. Truppen dahin gezogen worden. Das 2te und 3te Grenadier-Bataillon war den 28ten Februar in Tournay angekommen, das Garde-Grenadier-Bataillon mit einer 12pfd. Batterie den 4ten März.

Jedem der 3 Bataillone war ein besonderes Wirken aufgetragen gewesen, daher wir ihnen hier auch besonders folgen.

Das Garde-Grenadier-Bataillon verblieb den 5ten in Tournay; der Reserve unter Prinz Paul von Württemberg zugeteilt, verließ es den 6ten Nachmittags Tournay und ging bis nach Warcoing vor, wo es die Nacht biwakierte. Den 7ten früh rückte es, bei dem allgemeinen Vorgehen des Korps gegen Courtray, auf der Chaussee vor, nahm eine Stellung bei Espérée, die es auch während der Nacht inne behielt; den 8ten marschierte es nach Belleghem, biwakierte daselbst und rückte den 9ten wieder in Tournay ein.

Abb. 04   Umgegend von Gent, Deinse, Courtray, Oudenarde, Lille, Tournay und Ath

Das 2te Grenadier-Bataillon, dem Oberst Hobe zugeteilt, marschierte den 1sten März nebst 5 Bataillonen Preußen, einigen Eskadrons preuß. Kavallerie, der 6pfd. Batterie des sächs. Hauptmann Rouvroy und 4 preuß. Kanons von Tournay ab und hatte die Bestimmung Courtray zu besetzen oder, wenn der Feind es schon im Besitz haben sollte, zu nehmen. Eine Stunde von Tournay entfernt, erhielt es Befehl zurückzukehren, da die Vorposten angegriffen worden waren und ein Angriff auf den Ort selbst zu erwarten stand. Dieser erfolgte nicht und so brach der Oberst v.Hobe den 2ten früh 4 Uhr zu der vorangegebenen Bestimmung auf. Bei Belleghem stieß man auf den Feind, die feindlichen Vorposten wurden bis Courtray zurückgeworfen, Sweweghem war bereits vom Korps des Major v.Hellwig genommen und Harlebok in derselben Zeit durch Kosaken vom Feind gereinigt worden. Der Oberst v.Hobe bereitete sich nun zum Angriff auf Courtray vor. Das 2te Grenadier-Bataillon, ein preuß. Landwehr.Bataillon, 2 Eskadrons preuß. Jäger und 2 Kanons erhielten den Auftrag, die Leie zu überschreiten und von der Seite von Brügge anzugreifen. Da jedoch unter diesen Vorbereitungen die Nacht eingebrochen war, so unterblieb für heute der Sturm. Der Feind, sich auch von dieser Seite bedroht sehend, stellte sogleich seine Vorposten den diesseitigen bis auf Flintenschussweite entgegen und Alles verblieb die Nacht in seiner Stellung. Der Anbruch des Tages zeigte, dass der Feind sich vorteilhaft aufgestellt und sehr zweckmäßige Verteidigungsanstalten getroffen hatte; dies sowohl als die eingehende Nachricht, der während der Nacht in Courtray angekommenen ansehnlichen

Verstärkung, bestimmten den Oberst v.Hobe den Angriff aufzugeben. Die Straße nach Tournay war bereits vom Feinde bedroht, der Oberst v.Hobe zog sich daher auf der Straße von Brügge bis gegen Pillhem zurück, wendete sich dann rechts nach Deinze, wo seine Abteilung gegen Abend ankam und übernachtete. Den Rückzug von Courtray zu decken und zu maskieren, erhielt das 2te Grenadier-Bataillon Befehl vorzurücken; es stieß sehr bald auf eine feindliche Plänklerlinie, drängte diese bis an die Stadt zurück und hierdurch seinen Auftrag erfüllt habend, folgte es dem Rückzuge der übrigen Truppen, nur eine kurze Zeit von dem nachrückenden Feinde verfolgt. Das lebhafte Plänkler-feuer hatte ihm sehr wenig Verlust zugezogen, ebenso war das feindliche Kanonenfeuer ohne Wirkung. Den 4ten rückte Oberst v.Hobe in Audenarde ein, woselbst der Major v. Hellwig schon angekommen war – der Tag verging, ohne etwas vom Feind zu bemerken.

Den 5ten Nachmittags 2 Uhr griff der General Maison mit seinem ganzen Korps Audenarde an; die Vorposten waren nach einem hitzigen Gefecht in die Stadt zurück-geworfen worden, in welcher unterdessen die möglichsten Verteidigungsanstalten getroffen worden waren. Dem 2ten Grenadier-Bataillon mit 4 sächs. und 2 preuß. Kanonen war die Verteidigung des _____Tores übergeben, auf welches der Feind seinen Hauptangriff richtete. Von 10 Kanonen und Haubitzen von Nachmittags 4 Uhr bis Abends 9 Uhr unausgesetzt beschossen, wies das Bataillon, von seiner Artillerie trefflich unterstützt, jeden Angriff zurück; die feindlichen Kolonnen mussten jederzeit den Angriff aufgeben und

Plänkler, die mehreremale ohngeachtet eines mörderischen Feuers bis auf eine sehr geringe Entfernung vordrangen, sahen sich genötigt, nach bedeutenden Verlusten zu weichen. Die Nacht machte den Angriffen zwar ein Ende, während derselben erhielt sich aber ein ununterbrochenes Plänklerfeuer, welches die Erneuerung des Angriffs mit dem Beginn des nächsten Tages erwarten ließ; jedoch früh 4 Uhr zog sich der Feind in aller Stille ab und nach Courtray. Das Bataillon erlitt einen verhältnismäßig unbedeutenden Verlust, der in 8 blessierten Grenadieren bestand, welches vorzüglich den, zwar in größter Eile, zur Deckung der Mannschaften aufgeworfenen Erdwällen zuzuschreiben war.

Der Feldwebel Beyer dieses Bataillons, welcher in früheren Feldzügen schon mehrfache Beweise von ausgezeichneter Tapferkeit abgelegt, auch deshalb die sächs. silberne Medaille erhalten und zur goldenen Medaille empfohlen worden war, zeichnete auch hier sich rühmlichst aus, indem er während der Nacht mehrere Male das Stadttor freiwillig überstieg und Patrouillen bis in die Vorpostenlinie des Feindes machte, um von dessen Stellung Nachricht einzuholen.

Den 8ten vereinigte sich das Bataillon wieder mit dem Korps und traf den 9ten ebenfalls in Tournay ein.

Das 3te Grenadier-Bataillon, welches den 5ten früh als Vorposten auf der Straße nach Courtray aufgestellt worden war, schloss sich den 6ten den weiteren Bewegungen des Korps an. Den 7ten wurde die 3te und 4te Kompanie unter dem Befehl des Obersten v.Ziegler zu einer Erkundung gegen Avelghen vorgesendet, welchen Ort sie um 11 Uhr Vormittags erreichten. Nachmittags 2 Uhr erhielten sie die Bestimmung, nebst 2 Eskadrons preuß. Kavallerie und 2 reitenden Kanonen der selben Macht, das feindlich besetzte Dorf Sweweghen anzugreifen. Der Angriff erfolgte Nachmittags gegen 4 Uhr durch die 4te Kompanie, die feindlichen Vorposten waren augenblicklich geworfen und so lebhaft verfolgt, dass sie erst im Dorfe sich wieder zu sammeln vermochten und selbst 2 auf einer Höhe bei demselben aufgefahrenen Kanonen sich eiligst entfernten. Zu schwach, um die errungenen Vorteile zu verfolgen, da der Feind durch erhaltene Verstärkung weit überlegene Kräfte entwickelte, zog sich die Kompanie bis zu der als Reserve aufgestellten 3ten Kompanie zurück. Ein zu dieser Zeit in der rechten Flanke des Feindes, von dem Fürsten Schönburg kommandierter, unternommener Angriff des sächs. Husaren-Regiments, ließ auch den Obersten v.Ziegler wieder zum Angriff übergehen, welcher von den zwei Grenadier-Kompanien im Gemeinschaft mit 6 Kompanien des 1sten preuß. Infanterie-Regiments mit solchem Erfolg ausgeführt wurde, dass sich der schon erwähnten Höhe und des Dorfes, nach einer tapferen Verteidigung, bemächtigt wurde. Der Major v.Döring, welcher diese beiden Kompanien befehligte, inklusive die Kommandanten derselben, die Premierleutnants v.Mandelsloh und v.Naundorff, hatten bei diesem Gefecht sich rühmlichst ausgezeichnet und erhielten für ihr tapferes Benehmen den St.Wladimir-Orden 4ter Klasse. Der Feldwebel Hirsch wurde wegen bewiesenen Mutes zum Sousleutnant mit 600 Francs

Equipierungsgeld ernannt und aus gleicher Anerkennung dem Korporal Vetterlein und dem Gefreiten Mathes der St.Georgen-Orden 5ter Klasse erteilt – Premierleutnant v.Mandelsloh und 17 Grenadiere waren blessiert. Den 9ten rückte das Bataillon gleichfalls wieder in Tournay ein.

Die gegenseitigen Armeen behielten bis zum 15ten die eingenommenen Stellungen inne, ohne dass eine weitere Waffentat die eingetretene Ruhe gestört hätte.

Der Herzog von Weimar, welcher zu diesem Tage, mit Einschluss der preuß. Truppen, durch die Ankunft des General-Leutnants v.Thielmann mit mehreren Bataillons Landwehr gegen 30.000 Mann vereinigt hatte, beschloss nun eine Unternehmung gegen Maubeuge, dessen Besitz, wegen der sicheren Verbindung mit der Blücherschen Armee und wegen der letzten Ereignisse bei derselben, von großer Wichtigkeit geworden war. Immer aber konnte, wegen Mangel an Mitteln, von einer regelmäßigen Belagerung nicht dir Rede sein, sondern es galt den Versuch, diese Festung durch einen gewaltsamen Angriff zu nehmen. Er übergab dem General-Leutnant v.Lecoq diese Expedition mit 7 ½ Bataillons, 3 Eskadrons und 24 Geschützen.

Das Grenadier-Regiment, mit zu diesen Truppen gehörend, war den 15ten mit einer 12pfd. Batterie von Tournay nach Ath und den 16ten nach Mons, dem Sammelplatz des Belagerungskorps marschiert. – Das 3te Grenadier-Bataillon war schon früher dahin befehligt und den 13ten daselbst eingetroffen. Den 17ten Nachmittags brach der General-Leutnant v.Lecoq von Mons auf und bezog eine konzentrierte Stellung auf dem linken Ufer der Sambre; das Garde-Grenadier-Bataillon in Merbes le Chateau, das 2te und 3te Grenadier-Bataillon in Esglines. Den 18ten rückte das Korps bis Requigniers vor, nahm Stellung gegen die Festung und bezog Biwaks. Den 19ten und 20ten wurde die Einschliessung derselben auf beiden Ufern der Sambre bewirkt.

Das Garde-Bataillon und 2 Kompanien des 2ten Bataillons standen im Biwak bei Requigniers, 2 Kompanien des 2ten und 2 des 3[ten] Bataillons bei Cerfontaine, 2 Kompanien des 3ten Bataillons hielten Hautmons besetzt.

Abb. 05   Umgegend von Tournay, Mons, Maubeuge

Bis hierher hatte der Feind – geschätzt auf 3.000 Mann mit 80-100 Stück schweren Geschütz – durch nichts diesen Bewegungen entgegen zu wirken versucht, als den 21ten früh ein Ausfall das Belagerungskorps zum

Gewehr rief. Der Teil des im Biwak von Requigniers stehenden Grenadier-Regiments eilte auf die ihnen angewiesenen Posten der Festung zu, konnte aber keinen Teil mehr an dem Gefechte nehmen. Der Feind war, von denen weiter vor stehenden Truppen aller Orten nach einem kurzen Gefecht zurückgewiesen worden.

Bevor der Bau der Batterien zu Beschießung der Festung beginnen konnte, musste das bekannte verschanzte Lager von Maubeuge genommen sein. Der General-Leutnant v.Lecoq ordnete daher den Angriff auf dasselbe und auf die Vorstücke den 21ten Nachmittags an; in 5 Kolonnen aufgestellt war um 4 Uhr das Korps, welches noch durch ein preuß. Landwehr-Infanterie-Regiment verstärkt war, auf den vorgeschiedenen Punkten zu dem Sturme bereit. Dem Grenadier-Regiment mit einer 12pfd. Batterie und 1 Eskadron Kürassiere war die Ehre des Frontangriffs der Verschanzung auf der Beaumon-der Strasse zuteil geworden. Im Angesicht der Werke ankommend ergab sich, dass sie vom Feinde verlassen waren. Sie sowie die Vorstücke wurden besetzt und in der folgenden Nacht der Bau der Batterien angefangen. Mit Anbruch des 22ten suchten die Belagerten die Arbeiten durch einen Ausfall zu zerstören, mussten indes dieses Vorhaben aufgeben, da der Angriff, obschon mit vieler Entschlossenheit unternommen und von dem Feuer der Festungsbatterien kräftig unterstützt wurde, mit Verlust abgeschlagen ward. Die 3te Kompanie des Garde-Grenadier-Bataillons und 3te Kompanie des 3ten Grenadier-Bataillons in der Verfolgung des Feindes bis auf wenige hundert Schritte vor dem Hauptwall angekommen, gerieten hier in ein so mörderisches Kartätschenfeuer, dass sie sich mit bedeutendem Verlust in ihre erste Aufstellung, vom Feinde nicht verfolgt, zurückziehen mussten, da sie sich gänzlich verschossen hatten.

Das Garde-Grenadier-Bataillon verlor bei diesem Gefechte an Blessierten einen Hauptmann v.Sahr, einen Premierleutnant v.Jeschky, welcher wenige Tage darauf an seiner Wunde starb – ein allgemein geachteter und herzlichst bedauerter Offizier – ein Sousleutnant v.Götz, 2 Unteroffiziere, 1 Tambour und 13 Grenadiere, an Toten 1 Unteroffizier, 1 Grenadier; das 2te Grenadier-Bataillon 2 Grenadiere blessiert, 2 Grenadiere tot; das 3te 1 Unteroffizier, 1 Zimmermann und 13 Grenadiere blessiert, 1 Grenadier tot.

Der Major v.Jeschky, Kommandant des Garde-Grenadier-Bataillons, erhielt in Folge dieses Gefechts den St.Wladimir-Orden 4ter Klasse, der Sousleutnant und Adjutant v.Einsiedel desselben Bataillons den St.Annen-Orden 3ter Klasse und der Grenadier _____ den St.Georgen-Orden 5ter Klasse sowie der Sousleutnant v.Zeschau vom 3ten Grenadier-Bataillon den St.Annen-Orden 3ter Klasse.

In der Nacht von 22ten zum 23ten wurde das Geschütz in die erbauten drei Batterien eingeführt und mit dem ersten Grauen des Morgens das Feuer, allerdings mit dreifacher Überlegenheit erwidert, begonnen. Bei der mittelsten Batterie, deren Brustwehr ziemlich rasiert war, ward das Bombenmagazin durch eine feindliche Granate in die Luft gesprengt und sie dadurch zum

Schweigen gebracht. In dieser Batterie befanden sich Mannschaften des 2ten Grenadier-Bataillons als Wache kommandiert, welche wegen Mangel an Artilleristen teilweise deren Dienst mit versehen mussten. In dem Augenblick als die Granate in das Magazin fiel, waren einige Grenadiers in demselben mit Arbeiten beschäftigt und ihrer Geistesgegenwart und mutvollen Aufopferung war es allein zu danken, dass nur ein Teil des Magazins aufflog. Sie retteten hierdurch die Besatzung der Batterie von dem sonst unvermeidlichen Untergang, deren Verlust nur in 3 toten Grenadieren und einigen toten und verwundeten Artilleristen bestand. Der Korporal Böttcher, der Grenadier Bube und Sturm, welche sich besonders ausgezeichnet hatten, erhielten den St.Georgen-Orden 5ter Klasse.

Die beiden anderen Batterien setzten zwar ihr Feuer fort, doch war vorauszusehen, dass man nicht zum Ziele kommen werde. Eine Aufforderung zur Übergabe war ohne Erfolg und es blieb nur noch der Versuch, den – allerdings vernachlässigten Platz – mit Sturm zu nehmen. Der Herzog von Weimar wollte dies jedoch nicht unternehmen, da der Erfolg ungewiss und jedenfalls ein bedeutender Verlust herbeigeführt werden musste.

Den 24ten früh vor Tagesanbruch wurde das Geschütz abgeführt und die Truppen zogen sich in die Stellung zurück, welche sie den 20ten auf beiden Ufern der Sambre innegehabt hatten, um von hier aus die Blockade fortzusetzen. Eine Truppenabteilung unter dem General-Major v.Ryssel war noch zu dem Blockade-Korps gestoßen und unter die Befehle des General-Leutnants v.Lecoq gestellt worden, sowie auch ein

Kosaken-Regiment; dagegen marschierte das preuß. Landwehr-Infanterie-Regiment nach Laon ab.

Der kommandierende General-Leutnant nahm sein Hauptquartier in Requigniers, wohin auch das Garde-Grenadier-Bataillon verlegt wurde.; das 2te Grenadier-Bataillon erhielt seine Aufstellung bei Cerfontaine; das 3te in Facière le petit.

Diese zwar nur wenige Tage dauernde Belagerung hatte, durch den anstrengenden Dienst, die Ausdauer und den guten Willen der Truppen in vollkommenen Anspruch genommen; sie hatten sich aber auch in dieser Hinsicht und durch die bewiesene Bravour die vollkommenste Zufriedenheit des General-Leutnants v.Lecoq erworben.

Bis den 30ten März blieb das Blockade-Korps in dieser Stellung, als aber der Abmarsch der preuß. Truppen unter dem General-Leutnant v.Borstel von Bavay erfolgte, zog der General-Leutnant v.Lecoq seine Abteilungen auf das linke Sambre-Ufer zurück, um sich gegen alle nachteiligen Einwirkungen, die von Condé und Valenciennes aus, auf seine Kommunikation mit dem Hauptkorps stattfinden konnten, sicher zu stellen. Das Garde-Grenadier-Bataillon rückte, dieser Anordnung gemäß, den 30ten nach Mons, das 2te Grenadier-Bataillon nach Havais, das 3te nach Rouvroi.

Auf dem rechten Flügel des Korps hatten indessen bedeutende Ereignisse stattgefunden. General Maison, wahrscheinlich annehmend, dass dieser Flügel durch die Bewegungen gegen Maubeuge eine dauernde Schwächung erlitten habe, suchte den früher missglückten Plan, eine Verbindung mit der Garnison

Antwerpen auszuführen, welches er auch erreichte. –
Die Truppen des General-Leutnants v.Thielmann hatten
mehrere Gefechte bestanden. In Folge dieser Ereignisse
wurde das Garde-Grenadier-Bataillon den 31ten März mit
einer 12pfd. Batterie von Mons nach Tournay zur Unterstützung abgesendet. Dieser Ort war angegriffen, alle
Stürme jedoch von den Verteidigern zurückgewiesen
worden. Das Garde Bataillon, welches erst ankam, als
der Feind sich schon zurückgezogen hatte, kehrte daher
den 3ten April zurück und traf den 4ten wieder in Mons
ein.

An diesem Tag nahm das Korps des General-Leutnants
v.Lecoq eine anderweite Aufstellung gegen Maubeuge
und Condé, beide Festungen beobachtend, indem der
General Maison eine Bewegung gegen Valenciennes
ausführte, die der Herzog von Weimar als eine Einleitung
ansah, um gegen den linken Flügel seiner Linie vorzu-
brechen oder zur Unterstützung des Kaisers Napoleon in
das Innere von Frankreich abzumarschieren. Das
Armeekorps wurde daher mehr konzentriert und dem
Feind näher gebracht, um ihm entweder zu begegnen
oder rasch nachzufolgen. Das 3te Grenadier-Bataillon
rückte demnach noch in Mons ein, das 2te behielt sein
innehabendes Kantonnement in Havais. Der General
Maison, dem während dieser Bewegungen die Einnahme
von Paris und die Abdankung Napoleons zukam, ging
nach Lille zurück und am 9ten wurde, in Folge dieser
eingetretenen Ereignisse eine vorläufige Konvention von
den gegenseitigen Korps-Kommandanten abgeschlossen,
Kraft welcher die Feinseligkeiten eingestellt und am 12ten
zu Pont à Pressin ein Waffenstillstand unterzeichnet. Das

Korps bezog hierauf den 19ten weitläufige Kanton-nierungen; das Garde-Bataillon verblieb in Mons, das 2te und 3te Grenadier-Bataillon erhielten die nächsten Ortschaften angewiesen. Das Letztere rückte jedoch den 25ten wieder in Mons ein.

Dem, an den General-Leutnant v.Lecoq von dem General-Leutnant v.Borstel, bei seinem Abmarsche zur großen Armee, ergangenen Abschiedsschreiben dürfte hier noch ein Platz gehören, insbesondere der nachfolgenden Ereignisse wegen,

Bavay, den 29ten März 1814

n.   n.

Dieser Abmarsch entzieht mich einem Verhältnisse, welches mir in jeder Hinsicht so wert war. Indem ich mich daher von dem verehrungswürdigen Fürsten, von den braven biedern Sachsen trennen muss, so erlaube ich mir Ew. Exzellenz, Ihnen persönlich zu erkennen zu geben, dass ich mit einiger dankbarer Achtung von Ihnen scheide.

Dem freundlichen Entgegenkommen der sächsischen Truppen danke ich das gute Verhältnis, welches ohne die mindeste Störung zwischen ihnen und meinen Truppen stattgefunden hat.

Die Offiziere und Gemeinen meiner Division haben Ihre Truppen auch als Waffengefährten achten gelernt und scheiden ungern von ihnen. ...

Ich wünsche es mir und der guten Sache, dass Ew. Exzellenz mir bald folgen und zum großen Kampfe sich mit uns wieder vereinigen mögen.

v.Borstel

Bei der Wahrscheinlichkeit des Friedens wurden die Landwehren und Freiwilligen Ende April in ihre Heimat entlassen, obschon die übrigen Truppen noch unter den Waffen und teilweise in den Grenzen Frankreichs aufgestellt blieben.

Nach Abschluss des Waffenstillstandes hatte der Herzog von Weimar das Armeekorps verlassen und der russ. General-Leutnant v.Thielmann das Kommando desselben übernommen; den Oberbefehl über die am Niederrhein verbliebene Armee, zu welcher die sächs. Truppen gehörten, erhielt der preuß. General Graf Kleist von Nollendorf.

Mitte des Monats Mai bezog das sächs. Korps Kantonnements bei Aachen und gegen Ende des Monats Juni am linken Rheinufer und der Mosel, zwischen Koblenz und Bonn.

Das Grenadier-Regiment hatte schon früher Mons verlassen, da es zur Garnison von Brüssel bestimmt wurde; es war den 5ten Mai nach Braine le Conte marschiert und den 6ten in Brüssel eingerückt. Die angewiesene Aufstellung bei Aachen zu nehmen, verließ das Grenadier-Regiment den 12ten Mai Brüssel, marschierte diesen Tag nach Louvain, den

13ten	nach	Diest
14ten		Hasselt
15ten		Tongres
16ten		Rast
17ten		Lüttich
18ten		Herve

19ten Aachen, wo das Garde-Grenadier-Bataillon verblieb; das 2te Bataillon wurde nach Herzogenrad und Umgegend und das 3te nach Jülich verlegt.

Die im Laufe des Krieges öfters eingetretene Versendung von Truppen hatte die Brigaden in sich trennen müssen, es ward eine neue Einteilung derselben angeordnet und die 1ste Brigade unter den Befehlen des General-Leutnants v.Lecoq bestand nunmehr aus:

1 Kürassier-Regiment

1 Grenadier-Regiment

1 Bataillon (3te) des 3ten Linien-Regiments

3 Batterien

dem Detachement der Sappeurs und

dem Hauptpark.

Bis den 20ten Juni verblieb das Grenadier-Regiment in den angegebenen Kantonnements, um nun die am Rhein zu beziehen, brach dasselbe den

20ten auf und ging bis Düren

21ten Köln

22ten Bonn

23ten Rast

24ten Remagen

25ten Koblenz und Umgegend auf dem linken Rheinufer.

Sr. Majestät der Kaiser von Russland ließ bei seiner Durchreise, den 2ten Juli die sächs. Armee in Koblenz die Revue passieren und bezeigte seine vollkommene Zufriedenheit über die gute Haltung der Truppen und die wahrgenommene militärische Ordnung. Den 3ten Juli wurden des 2te und 3te Grenadier-Bataillon auf das rechte Rheinufer in Kantonnements verlegt; das Garde-Bataillon verblieb in Koblenz.

Ein, den 28ten Juli[4] bei Pallich von der vereinten sächs. Armee ausgeführtes Manöver erwarb den völligen Beifall des General v.Kleist.

Im Monat August erhielt das sächs. Korps den Befehl Kur-Hessen zu besetzen; das Grenadier-Regiment vereinigte sich den 8ten August auf dem rechten Rheinufer, marschierte den

9ten	nach	Montabaur
10ten		Willmar
11ten		Wetzlar
12ten		Rast
13ten		Posseck
14ten		Marburg

Bis die ersten Tage des Monats September behielt das Korps diese Kantonnements besetzt, dann aber wieder an den Rhein zurückgehend, marschierte das Grenadier-Regiment den

9ten	nach	Gießen
10ten		Wetzlar
11ten		Weilburg
12ten		Rast
13ten		Limburg

---

[4] Im Original wird der Monat September angegeben

14ten   Montabaur

15ten   Koblenz

Das Garde-Grenadier-Bataillon bezog seine Quartiere wieder in Koblenz, das 2te Grenadier-Bataillon in Riebenach pp., das 3te in Thal-Ehrenbreitenstein pp.

In dieser Zeit waren in dem Regiments- und Bataillons-Kommando des Grenadier-Regiments gänzliche Veränderungen eingetreten. Der Oberst Prinz Bernhard von Weimar trat in niederländische Dienste, der Oberst-Ltn. Anger, Kommandant des 3ten Grenadier-Bataillons, erhielt das Regimentskommando; das Garde-Grenadier-Bataillon wurde von dem Major v.Römer befehligt, da der Major v.Jeschky als Etappen-Kommandant nach Limburg kommandiert war; bei dem 2ten Grenadier-Bataillon war der Major v.Wolfframsdorf als Kommandant angestellt worden und das 3te befehligte der Major v.Döring.

Aber auch in dem Kommando der Brigade trat eine Veränderung ein. Der General-Leutnant v.Lecoq ward veranlasst, am 23ten Januar 1815 die sächs. Armee zu verlassen, um eine andere Anstellung in Sachsen zu übernehmen; der General-Major v.Ryssel erhielt die 1ste Brigade noch zugeteilt.

An dieses Ereignis knüpfen sich eine Reihe trauriger Begebenheiten für die sächs. Armee, insbesondere für das Grenadier-Regiment, zu deren Darstellung es jedoch nötig wird, zu vergangenen Zeiten zurückzukehren.

Sachsen war – seit der Schlacht von Leipzig – seines Königs beraubt; ein russisches Gouvernement verwaltete das Land. Es galt jetzt die große Sache, Deutschlands – wohl Europas – Freiheit zu erkämpfen; - willig brachte das erschöpfte, verheerte Land jedes Opfer, fast 40.000 Mann Sachsen erschienen auf dem Kampfplatze, beseelt von dem Gefühl, würdigen Teil an diesem Kampfe zu nehmen und belebt von der Hoffnung, mit dem Ende desselben, ihren verehrten König wieder seinen Thron einnehmen zu sehen; - eine Hoffnung, zu der die Proklamation der hohen Mächte wohl berechtigte.

Schon nach dem Einzuge der Alliierten in Paris, verbreiteten sich Gerüchte, als solle Sachsen einem fremden Staat einverleibt werden. Ein glänzendes milit. Fest, durch welchen der General-Leutnant v.Thielmann den Tag des Königs von Preußen - den 3ten August – feierte, musste auf die Vermutung führen, dass die Armee auf den Wechsel ihres Regenten vorbereitet werden solle. – Von der Armee wurde jedoch dieser Tag – jedem Sachsen heilig – in einem sehr verschiedenen Sinn gefeiert.

Dies, aber insbesondere eine von dem General-Leutnant v.Thielmann an die Armee erlassene Ordre, durch welche er die Ansichten derselben über ihre Pflichten gegen ihren König berichtigen zu müssen glaubte und feierlichst erklärte, dass jeder Sachse des Eides gegen seinen König entbunden sei, musste den gespanntesten Zustand zwischen der Armee und den ihr gegebenen General herbeiführen, aber auch bei Ersterer den lebhaften Wunsch erzeugen, öffentlich auszusprechen, wie diese Erklärung so ganz ihren Gefühlen und

Ansichten entgegen und die Wiedereinsetzung ihres Königs ihr höchstes Glück sei.

Der General-Leutnant v.Lecoq, der älteste bei der sächs. Armee anwesende sächs. General, auf dessen unerschütterliche Anhänglichkeit an seinen König, aber auch vertrauungsvoll die Armee in dieser traurigen Zeit des Misstrauens sah, hatte diesen Entschluss gebilligt und so wurden von denen Brigade-Generälen Adressen aller Regimenter dem General-Leutnant v.Thielmann eingereicht, welche die Bitte enthielten, dem Vaterlande den allverehrten Monarchen wieder zu geben.

Keine günstige Aufnahme fanden und konnten wohl auch nicht diese Adressen bei dem Gen.ltn. v.Thielmann finden; mit nicht minderer Strenge wurden sie von dem General v.Kleist beurteilt. Die sehr einfache Veranlassung, die Gesinnung der unwandelbaren Treue für ihren Monarchen den hohen Souverains darzulegen, war gemissdeutet und mehr dem Einfluss eines fremden Kabinetts zugeschrieben und in der Person des Gen.ltn. v.Lecoq und des Obersten v.Zezschwitz die Berührungspunkte einer solchen Verbindung vermutet. Nicht weniger Tadel fand die von einigen Regimentern geschehene Erwähnung, dass sie sich des Eides gegen ihren König nicht entbunden halten könnten.

Der General Graf Kleist befahl den Gen.ltn. v.Lecoq nach Sachsen zurückzugehen und sich dem General-Gouvernement zu einer strengen Untersuchung zu stellen; so auch dem Obersten v.Zezschwitz. Die Armee, im schmerzlichen Gefühle, sich ihrer Stütze beraubt sehend, barg es nicht, laut und allgemein sprach sie es aus; und vielleicht, um die erbitterten Gemüter nicht auf das Äußerste zu treiben, wurde der Befehl zurück genommen. Die Beförderung der Adressen an die Souverains ward endlich zugesichert, wenn die den Eid berührenden Punkte weggelassen und die sämtlichen Offiziere eine schriftliche Erklärung eines fortdauernden Gehorsams gegen die hohen Alliierten geben wollten. Beiden Forderungen konnte kein Bedenken entgegen stehen, da, die erste betreffend, die Weglassung den Sinn durchaus nicht änderte und in Betreff der Zweiten, kein Individuum der Armee, gegen die Befehle der vereinten Souverains zu handeln sich erlaubt haben würde, dies auch während des Feldzuges genügend dargetan hatte. Den erwähnten Forderungen wurde daher nachgekommen und die Adressen abgesendet; - welche Aufnahme sie fanden blieb unbekannt.

In banger Erwartung sah die Armee der Entscheidung des Loses entgegen, welches über das Vaterland fallen sollte, als in den letzten Tagen des Monats Oktober der Gen.ltn. v.Thielmann auf der Parade in Koblenz erschien und die, für jeden Anwesenden gewiss unvergesslichen Worte aussprach: *„Meine Herren! Ihr Schicksal ist entschieden, Sachsen ist mit Preußen vereinigt."* In welche Stimmung diese Nachricht Offiziere und Soldaten versetzte, bedarf keines Kommentars. – Doch mit ruhiger würdevoller Ergebung trug ein Jeder das bittere – wie es schien unabänderliche – Verhängnis, welches kurze Zeit darauf der Armee offiziell mit der Bekanntmachung der Einsetzung eines königl. preuß. General-Gouvernements eröffnet wurde. Das Jahr 1814 ging zu Ende; der so teuer erkaufte Frieden, sollte die

Wunden heilen, denen Sachsen aber ward eine geschlagen, die unheilbar war; - Hoffnungen regten sich jedoch neuerdings, die selbst öffentliche und private Nachrichten unterstützten.

So standen die Verhältnisse, als wie schon gesagt, der Gen.ltn. v.Lecoq Befehl erhielt, nach Sachsen zu gehen, um – den Vorgaben nach – einen anderen Wirkungskreis angewiesen zu erhalten. Sehr wichtig wird, hier zu erwähnen, dass der Gen.ltn. v.Lecoq bei seiner Ankunft in Dresden keine Anstellung erhielt, die Armee sich also umso mehr überzeugen musste, dass nur eine feindliche Maßregel ihn entfernt hatte, ihn, den sie mit dem tiefsten Schmerze scheiden und sich nun, in diesen verhängnisvollen Tagen, des furchtlosen unbestechbaren Vortretens der Sache ihres Königs beraubt sah, der mit hohem Mute solche verteidigt hatte.

Dem Garde-Grenadier-Bataillon sagte der Gen.ltn. v.Lecoq folgenden Abschied: *„ Ich habe den Befehl erhalten, nach Sachsen zurückzugehen, wo mir – nach schriftlicher Versicherung des General-Gouvernements – ein anderer ehrenvoller Wirkungskreis angewiesen werden wird. Es schmerzt mich, Euch meine Freunde, verlassen zu müssen, denn ehrenvoll war mein Wirkungskreis, ich stand an Eurer Spitze. – Doch ich gehorche; heilig war mir stets das erste Militärgesetz – der Gehorsam. – Ich gehe mit einem solchen Bewusstsein meiner neuen Bestimmung entgegen, welches nur Gott bekannt ist, es diene Euch dies zur Beruhigung. – Lebt wohl meine Freunde! Ich werde stets mit treuer Liebe an Euch denken. – Wollt Ihr mein Andenken ehren, so erinnert Euch oft der Worte, die ich den 23ten Dezember* *zu Euch sprach und wo ich Euch den Vorsatz erneuern ließ, die Pflichten als Menschen, als Staatsbürger und als Soldaten stets vor Euren Augen zu haben. Erfüllt sie streng Eure Pflichten und mit diesem reinen Bewusstsein erfüllter Pflichten, wird es mich glücklich machen, wenn Ihr meiner gedenkt."*

Bange Besorgnis regte sich in jeder Brust und ein lauter Ausbruch des Unmuts wurde nur durch die väterlichen Ermahnungen des Gen.ltn. v.Lecoq zurückgehalten. Mit Würde und Ruhe ertrug die Armee auch diese harte Prüfung, zu der die Machthaber durch die von dem Gen.ltn. v.Lecoq veranstalteten Feier des 23ten Dezember sich veranlasst hielten und um seinen Einfluss auf die Armee außer Wirksamkeit zu setzen.

Diese Feier – der Ausspruch treuer Anhänglichkeit an den verehrten, jetzt so unglücklichen Monarchen – konnte eine Missbilligung finden? – sie folge hier.

Der Gen.ltn. v.Lecoq ließ die Truppen seiner Brigade bei ihren Kantonnements zu dieser Feier ausrücken; das Garde-Grenadier-Bataillon in der Neustadt von Koblenz und selbst bei diesem Bataillon anwesend sprach er:

„Ich glaube nicht, meine Freunde, dass ich Euch an die Festlichkeit des heutigen Tages erinnern muss. Wer den Namen Sachse führt, dem kann dieser Tag, der Tag der Geburt unseres hochverehrten Königs, nur heilig erscheinen. Noch immer lebt er getrennt von seinem treuen Volke. Doch nichts kann ihm und uns den Glauben an eine gerechte Vorsehung rauben. – Wir können, glaube ich, den heutigen Tag nicht schöner, nicht heiliger begehen, als wenn wir hier vor Gottes Angesicht den

Vorsatz erneuern, unsere Pflichten als Mensch, als Staatsbürger und als Soldaten stets vor Augen zu haben. – Wir dürfen nur an ihn, den Frommen, den Gerechten denken und wir werden uns zu allen männlichen Tugenden gestärkt fühlen. So meine Freunde, lasst uns heute sein Andenken ehren und indem wir in die glückliche Vergangenheit zurückblicken, wollen wir in der Gegenwart die Hoffnung festhalten, dass er, der Hochgeehrte seinem tapferen Volke bald wiedergegeben werde. Gott nehme ihn ferner in seinen heiligen Schutz."

Diese letzten Worte wurden von dem Bataillon wiederholt und dann der 1te und 6te Vers des Liedes „Auf Gott und nicht auf meinen Rat pp." gesungen.

Noch im Laufe des Monats Januar fand eine Delogierung der sächs. Armee statt; sie wurde in und bei Köln in Kantonierungen verlegt und die Moselgegend von preuß. Truppen besetzt – wahrscheinlich um sie von der unmittelbaren Verbindung mit den österreich. Truppen abzuschneiden, da die Frage über Sachsen beim Kongreß noch gar nicht entschieden war. Das Grenadier-Regiment, den 23ten Januar von Koblenz aufbrechend, diesen Tag bis Sinzig, den 24ten bis Bonn marschierend, traf den 25ten in Köln ein.

Hier gelangte gegen Mitte Februar die Kunde einer Teilung Sachsens an, obwohl nochmalen dem Korps offiziell die Benachrichtigung geworden war, dass Sachsen Preußen zugefallen sei. Gen.ltn. v.Thielmann verlangte sofort die Erklärung eines jeden Offiziers, welchem Monarchen er künftig dienen wolle. Der von diesem General bekannt gemachte Kongress-Beschluss gedachte nicht der Einwilligung des Königs von Sachsen, auch war es kein von allen Mächten vollzogenes Manifest. – War dieser der Armee mitgeteilte Beschluss verbürgt? – Konnte der Offizier, dem man die Wahl des Dienstes freistellte, sich für den neuen Monarchen erklären, ohne seiner bisherigen Pflichten entbunden zu sein? – Ersteres erschien zweifelhaft und das Zweite konnte wohl nicht eintreten, ohne geschworenen Eiden alle Heiligkeit zu rauben. Doch die Erklärung war schnell und streng gefordert und leider auch gegeben worden. Unheilbringend ward diese Maßregel; billigen konnte der treu bleibende Sachse die übereilte Erklärung der Übertretenden nicht; es entstanden Fraktionen, die Einigkeit war untergraben und das Misstrauen des gemeinen Mannes gegen seine Vorgesetzten wuchs von Tag zu Tag, denn ihn belebte treue Anhänglichkeit an seinen König und die Erklärungen der in preuß. Dienste treten wollenden Offiziere blieb ihm nicht unbekannt.

Vom Garde und 3ten Grenadier-Bataillon erklärten sich alle Offiziere für den sächs. Dienst, nicht so vom 2ten Grenadier-Bataillon, dessen sämtliche Offiziere, mit Ausschluss des Major v.Wolfframsdorf und der Sousltn. v.Linsingen, v.Buttlar, v.Mangold und v.Feilitzsch, den preuß. Dienst wählten.

Zu diesem Zeitpunkt erschien Napoleon wieder in Frankreich; er war von Elba zurückgekehrt, hatte ohne Widerstand zu finden mit stets wachsender Macht Paris erreicht und den gestürzten Kaiser-Thron wieder aufgerichtet. Kaum glaubbar und doch vermutete man, die Armee hege Hoffnung durch diese eingetretene Katastrophe die Verhältnisse des Vaterlandes günstig entschieden zu sehen und man ging soweit, Offiziere zu beschuldigen laut deshalb sich geäußert zu haben. Insbesondere fand sich der Gen.ltn. v.Thielmann veranlasst in dem Garde-Grenadier-Bataillon eine günstige Stimmung für Napoleon vorauszusetzen und dem ganzen Offizierskorps eine ganz gewiss unverdiente harte Beschuldigung deshalb zu machen; die Versicherung des Gegenteils nahm er zwar an, wahrscheinlich aber, ohne ihr Glauben zu schenken. – Eine neu Veranlassung also, das schon so hoch gespannte Verhältnis noch drückender, noch unangenehmer zu machen.

Das sächs. Korps erhielt Befehl bis Aachen vorzurücken; den 25ten März marschierte das Grenadier-Regiment bis in die Gegend von Borgheim, den 26ten bis bei Jülich und bezog den 27ten Kantonierungsquartiere in und bei Aachen, die es bis zum 9ten April behielt.

Diese neue Aufstellung hatte die Folge, dass der bisherige General en Chef, Graf Kleist v.Nollendorf, sowie der Gen.ltn. v.Thielmann, welcher indessen in preuß. Dienste getreten war, zu anderweiten Bestimmungen abgerufen wurden und die sächs. Armee von dem Gen.mj. v.Ryssel interimistisch kommandiert, unter den Oberbefehl des General Grafen v.Gneisenau gestellt wurde, welcher bis zur Ankunft des Fürsten Blücher die preuß.-sächs. Armee befehligte. Sehr zu beklagen hatte gewiss die sächs. Armee , den General Grafen v.Kleist verloren zu haben, denn mit einem edel fühlenden Herzen, war die traurige Lage der Sachsen von ihm erkannt worden.

Ein nochmaliges Vorrücken stellte die sächs. Armee bei Lüttich auf, wo das Grenadier-Regiment nach einem Nachtquartier den 9ten April in Herve den 10ten ankam und nächst dem 2ten Linien-Infanterie-Regiment die Garnison bildete.

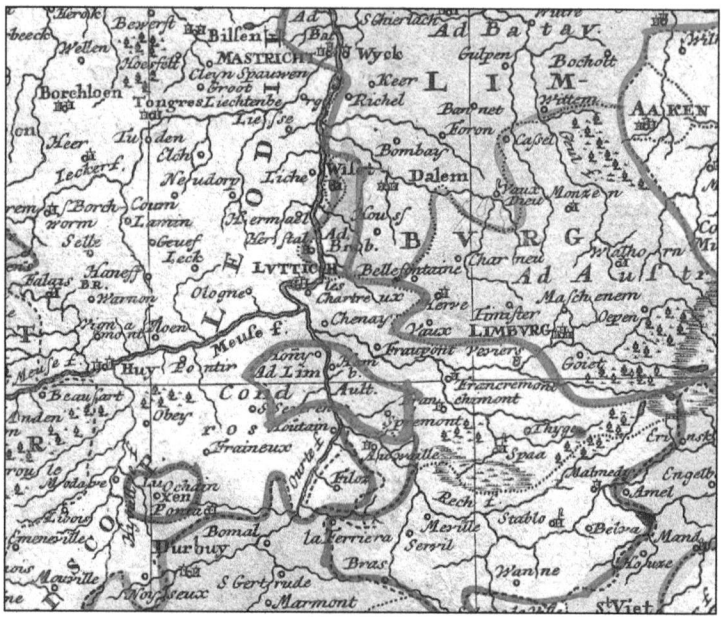

Abb. 06   Umgegend von Lüttich

Der Fürst Blücher war indessen bei der Armee angekommen und hatte sein Hauptquartier in Lüttich genommen. Den 2ten Mai erließ der Fürst den Befehl, die sächs. Armee in zwei Brigaden, eine sächs. und eine preuß. zu formieren. Die erste Brigade sollte aus denen Soldaten gebildet werden, die in dem Sachsen verbleibenden Teil geboren, die zweite aus denen so in den abzutretenden Ländern gebürtig waren, den Offizieren blieb freigestellt, den einen oder den anderen

Dienst zu wählen. Die Formierung sollte sofort vorgenommen werden, die der sächs. Brigade in der Gegend von Verviers und der Oberst v.Leysser sie bis zum Eingehen weiterer Befehle des Königs von Sachsen kommandieren; die der preuß. Brigade in der Gegend von Lüttich; der preuß. Generalmajor v.Steinmetz war zum Kommandeur derselben bestimmt. Die noch beim Korps befindlichen bisherigen sächs. Generale v.Ryssel und v.Brause hatten preuß. Dienste genommen, es befand sich daher kein sächs. General mehr bei selbigen.

Die dasfallsige Ordre des Fürsten sagte zwar, dass die Ratifikation der Traktaten in wenigen Tagen erfolgen werde, berührte aber auch nicht entfernt die Zustimmung des Königs von Sachsen. Die Armee, so oft getäuscht, da das, was heute als offiziell ihr bekannt gemacht morgen schon widerrufen wurde, konnte dieser Verfügung nicht mehr Glauben beimessen als den früheren Eröffnungen, die auch der so oft ausgesprochenen Unteilbarkeit Sachsens gänzlich widersprach.

Schmerzlich musste das traurige Geschick des Vaterlandes sein, schmerzlich überdies noch dem Soldaten die hierdurch gebotenen Trennung von den Kameraden, an den ihn so unzählige Verhältnisse fest und innig knüpften, das gemeinsame Bestehen so mancher Gefahr und Beschwerde, auch so manche frohen Ereignisse und selbst die verjährte Gewohnheit; doch mit Fassung würde er auch diesem harten Los sich unterworfen haben, hätte er gewusst, dass es mit Genehmigung seines Königs geschehe.

Den 2ten Mai Nachmittags 6 Uhr versammelte der General v.Gneisenau sämtliche Regimentskommandanten in Lüttich, um nähere Befehle über die Ausführung der Teilung zu geben. Mit Blitzesschnelle verbreitete sich unter den gemeinen Soldaten der Garnison von Lüttich, welcher Zweck die Kommandeure vereinige und irregeleitet durch die Voraussetzung, ihre treue Anhänglichkeit an den König durch einen lauten Ausspruch bezeugen zu müssen, auch wohl die Hoffnung hegend, durch dieses Aussprechen die Teilung verhindern zu können, die ihnen sehr gut wissend, ohne Zustimmung ihres Königs vorgenommen werden sollte, versammelten sich mehrere hundert Soldaten des Grenadier- und 2ten Linien-Infanterie-Regiments vor der Wohnung des Fürsten Blücher und, ihrem König unzählige Lebehochs bringend, erklärten sie, sie würden sich nicht trennen lassen, bis es ihr König befehle. Den herbeieilenden Offiziers gelang es indessen sehr bald, die Soldaten zum Auseinandergehen zu vermögen, worauf die Garnison auf ihren Alarmplätzen aufgestellt wurde, um jeder weiteren Unordnung vorzubeugen. Nach Verlauf einiger Stunden, wo die Gemüter durch die Vorstellung der Offiziere beruhigt zu sein schienen, wurde abgetreten, die Mannschaft befehligt in ihre Quartiere zu gehen und da zu verbleiben.

Bis hierher war, außer der polizeiwidrigen Zusammenrottierung durchaus nichts strafbares vorgefallen; leider begingen nun mehrere Soldaten Frevel, die allerdings höchst strafbar waren und keine Entschuldigung verdienen, obwohl die gereizten Gemüter durch die harten Äußerungen einiger hoher preuß. Offiziere eine nicht geringe Steigerung erhalten hatten. Nachdem die Mannschaft entlassen worden war, versammelte sich abermals ein Trupp Soldaten vor der Wohnung des Fürsten Blücher und namentlich vom 2ten Bataillon.

Es wird nötig sein hier einzuschalten, dass dieses Bataillon – vormals König Infanterie – den 23ten September 1813 zu dem Feinde übergegangen war und der gemeine Mann glaubte, deshalb seine Treue gegen den König ganz besonders an den Tag legen zu müssen.

Eine von dem Hauptmann v.Geibler vom 3ten Bataillon herbeigeführte Abteilung der Wache zerstreute sofort den Auflauf, als mehrere preuß. Offiziere mit gezogenem Säbel und dem Ausruf „sächs. Hunde pp." auf die schon auseinandergehenden Soldaten eindrangen. Dies veranlasste die zunächst angegriffenen Soldaten um Hilfe zu rufen, worauf die ganze Masse umkehrte und die nun nach der Wohnung des Fürsten Blücher sich flüchtenden Offiziere mit Steinwürfen verfolgte; wo dann auch mehrere Steine in die Wohnung des Fürsten flogen. Auf den Zuruf des Hauptmann v.Geibler unterblieb jedoch augenblicklich das Werfen und die Soldaten gingen, nachdem sie überzeugt waren, dass keiner ihrer Kameraden in der Wohnung des Fürsten arretiert sei, auseinander und völlig ruhig in ihre Quartiere. – Nach dem Zeugnis mehrerer Offiziere, auch von anderen Truppenteilen, hatte an dem zweiten Auflauf kein Soldat des Garde-Grenadier-Bataillon teilge-nommen. Der Fürst Blücher hatte sogleich Lüttich verlassen und den Befehl gegeben, dass das Garde-Grenadier-Bataillon noch in dieser Nacht nach Hoy, auf der Straße nach Namur gelegen, abmarschieren solle.

Gegen 1 Uhr Mitternacht versammelten sich die Kompanien dieses Regiments zum Abmarsch; die Vorfälle des gestrigen Tages, der plötzliche und isolierte Abmarsch des Bataillons auf einer Straße, die der der ganzen Armee gegebenen Marschrichtung gerade entgegengesetzt war, musste allerdings bei den Offiziers und Grenadiers gerechte Besorgnis erwecken; doch es war befohlen, daher den Offizieren heilige Pflicht, den Abmarsch zu bewerkstelligen. Nicht einen Augenblick verweigerten die Grenadiers ihren Offizieren den schuldigen Gehorsam, baten aber dringend, nicht von ihren Kameraden getrennt zu werden, vorstellend sie wären gewiss, sie würden von den Preußen gewaltsam geteilt oder wohl gar entwaffnet werden.

Die Vorstellungen des von ihnen sehr geliebten Kommandanten, des Major v.Römer, so wie der übrigen Offiziere, deren treue Anhänglichkeit an den König ihnen bekannt war, daher gleich Eingang fanden, sowie die Versicherung, dass dem Offizierskorps durchaus nichts von den gefürchteten Verfahren gegen das Bataillon bekannt sei, selbiges aber übrigens jedes Geschick mit ihnen teilen werde, das Bataillon aber auch nur die Bestimmung habe nach Hoy und nicht weiter zu marschieren, beruhigte die allerdings aufgebrachten Gemüter und der Marsch ward sogleich, mit dem vom Bataillons-Kommandanten ausgebrachten Lebehoch des Königs Friedrich August, welches die Grenadiere mit hoher Freude wiederholten, angetreten und mit der größten Ordnung, ohngeachtet der das Bataillon oft kreuzenden preuß. Truppen, bis Hoy fortgesetzt, wo 2

Kompanien und die beiden andern auf den nächsten Dörfern Quartiere erhielten.

Den 3ten früh erging der Befehl des Fürsten Blücher, dass alle sächs. Truppen bis um 10 Uhr Lüttich geräumt haben und nach Verviers und Mastricht marschieren sollten. Zugleich erschien nachstehender Tagesbefehl:

Lüttich den 3ten Mai 1815

Soldaten der sächs. Garnison von Lüttich! Unter Euch ist eine Horde Meutemacher, die das Vertrauen verletzt hat, dass ich in Euch setzte, indem ich ohne eine andere Wache, als die aus Eurer Mitte, mein Hauptquartier unter Euch aufschlug, diese Horde Meuteter hat sich, alles militärische Ehrgefühl vergessend, an meiner Wohnung vergriffen; ich kann mit Sicherheit nicht mehr mich unter Euch befinden. Ihr werdet daher sogleich Lüttich verlassen. Was zur Untersuchung der verübten Frevel geschehen soll, werdet Ihr ferner erfahren. Denjenigen Offizieren, die sich rühmliche Mühe um die Stillung des Aufruhrs gegeben haben, verbleibt der Dank ihres Feldherrn.

Der Feldmarschall Fürst Blücher

Das 2te und 3te Grenadier-Bataillon waren den 3ten früh zum Abmarsch versammelt; das 3te Bataillon ziemlich ruhig hierzu bereit, das 2te hingegen in der größten Unruhe, welche sich bald in laute Widersetzlichkeit verwandelte, an einen andern Ort zu marschieren als wo das 1ste Bataillon sich befände. Das schon im Abmarsch befindliche 3te Bataillon hörte diesen Lärm und verlangte nun ebenfalls stürmisch auch dahin, wo sich ihre Fahne befände. Vergeblich waren alle Vorstellungen, der Geist der ungebundenen Empörung wuchs mit jedem Augenblick und der unbiegsame Trotz war in den erbitterten Gemütern nicht mehr zu brechen. Beim 2ten Grenadier-Bataillon waren alle Offiziere, die sich für den preuß. Dienst erklärt hatten genötigt das Bataillon zu verlassen, wollten sie sich nicht Tätlichkeiten aussetzen. – Preuß. Truppen standen schon vor den Toren von Lüttich, nur mit einem unübersehbaren Unglück konnte deren gewaltsames Einrücken enden; in diesem kritischen Moment gelang es dem Obersten v.Zezschwitz von den preuß. Behörden zu erlangen, dass diese beiden Bataillone auf der Straße nach Hoy abmarschieren durften. Der Marsch wurde sogleich angetreten; das 2te Bataillon kam nach Gracemontagne, das 3te nach Lexhy bei Norcon zu stehen. Die Vereinigung mit dem Garde-Bataillon blieb zwar noch immer der Wunsch der Mannschaften, die Vorstellung jedoch, dass sie noch einen Marsch von 6 – 7 Stunden zu machen hätten, um zu diesem zu gelangen und das Versprechen, das Regiment in den nächsten Tagen zusammenzuziehen, ließ sie willig ihre Quartiere beziehen.

Den 4ten früh rückten die beiden Garde-Kompanien, welche außerhalb Hoy gestanden hatten, daselbst ein, da der anwesende preuß. General v.Krafft über das Benehmen der Mannschaften völlig zufriedengestellt, solches genehmigt hatte. Kaum war jedoch das Bataillon vereinigt, als dieser General ihm den Befehl gab nach Namur zu marschieren. Diese neue Verfügung widersprach ganz den Versicherungen, welche man dem Bataillon gestern gegeben hatte und nach denen es erwarten konnte, baldigst zu den übrigen sächs. Truppen zu stoßen, aber nicht noch weiter von ihnen entfernt zu werden. Das kaum beruhigte Misstrauen musste von neuem erregt und selbst den Grenadieren alles Vertrauen auf das Wort ihrer Offiziere genommen werden, die sich selbst in der unberatensten Lage befanden. Noch trat ein Umstand ein, der von den schlimmsten Folgen hätte sein können. Als das Bataillon auf dem Rendezvous zum Abmarsch sich versammelte, zeigten mehrere Unteroffiziere, die im entfernteren Teil der Stadt einquartiert gewesen waren, an, dass preuß. Bataillone nebst Geschütz vor der Stadt sich aufstellten. Feindlich musste diese Maßregel erscheinen, um so mehr, da zugleich ein verwundeter Grenadier auf dem Sammelplatze eintraf, den ein preuß. Offizier, ohne alle Veranlassung, mit dem Säbel ziemlich schwer blessiert hatte, dabei ausrufend: *„die sächs. Hunde wären alle nichts besseres wert!"*. Dem Gen.mj. v.Krafft schien dieser Vorfall äußerst unangenehm; er rügte den Frevel durch die sofortige Arretierung des Offiziers, sicherte die ernstlichste Bestrafung zu und wollte dem Grenadier ein sehr ansehnliches Geschenk an Geld machen, welches dieser jedoch ausschlug. Zugleich erklärte er aber, dass die Aufstellung der Truppen allerdings den Zweck habe, das Bataillon mit Gewalt zum Abmarsch zu vermögen, wenn er nicht freiwillig erfolgen sollte. Doch es bedurfte dieser nicht. – Die Grenadiere von ihrem Bataillonskommandanten befragt, ob sie marschieren würden, bekräftigten durch ein einstimmiges Ja! die willige Folgeleistung jedes von ihren Offizieren gegebenen Befehls und der Marsch ward angetreten. In Namur angekommen wurde das Bataillon unter die Befehle des Gen.ltn. v.Borstel gestellt und zu der Brigade des Gen.mj. v.Pirch 1ste zugeteilt.

Mit ausgezeichnetem Wohlwollen war das Bataillon von dem Gen.ltn. v.Borstel aufgenommen worden, der demselben mit sämtlichen Offizieren der Garnison Namur entgegen kam, das Bataillon defilieren ließ und seine vollkommene Zufriedenheit über dessen schöne Haltung aussprach. Auch gemeine preuß. Soldaten vermengten sich beim Einmarsch mit den Gliedern der Sachsen, hießen die ankommenden Waffengefährten treuherzig willkommen; es waren die ehrlichen Pommern, die die sächs. Armee schon im verflossenen Feldzuge als brave Soldaten kennengelernt und deren Landsleuten die Offiziere des Garde-Grenadier-Bataillons späterhin viel zu danken hatten.

Den 5ten früh berief der Gen.ltn. v.Borstel die Stabsoffiziere und Capitains des Bataillons zu sich, mit wahrhaft rührender Teilnahme versicherte er ihnen in den herzlichsten Ausdrücken seine innige Anteil an deren harten Geschick und versprach seine Verwendung bei dem Fürsten Blücher; weshalb das Offizierskorps schriftlich seine Wünsche ihm vortragen sollte. Das Offizierskorps tat dies in einer Schrift, welche die ganze Billigkeit des Generals erhielt; es legte darinnen sein Missfallen und Bedauern über den Vorfall in Lüttich an den Tag, anführend, wie einzig und allein die noch ermangelnde Zustimmung ihres Königs oder der sämtlichen hohen Alliierten diese Auftritte veranlasst habe und fügte die Bitte bei, dass zu dem bevorstehenden Feldzuge, an dem ein Jeder kräftigsten

Teil zu nehmen wünsche, das Korps wieder vereinigt und unter einen sächs. General gestellt werden möchte.

Noch befahl der General, fest vertrauend auf den sich im Bataillon aussprechenden Geist des Gehorsams, dass sofort seine und ein Teil der Wachen in der Stadt von demselben bezogen werden sollten. Diese Teilnahme, dieses Vertrauen beglückte die Offiziere und Mannschaften, die beste Stimmung beseelte, die frohesten Hoffnungen belebte wieder alle.

Den 6ten früh, mit Tagesanbruch, versammelte der Generalmarsch die Garnison von Namur; Offiziere und Grenadiere wähnend, es gelte einen feindlichen Angriff zu begegnen, reihten sich mit frohem Mute in ihre Glieder, glücklich, unter den Augen des hochgeehrten Generals den Waffenruhm der sächs. Soldaten zu bewähren.

Dem Major v.Römer war zu gleicher Zeit, jedoch mit Verpfändung seines Ehrenworts zu schweigen, die wahre Bestimmung dieses Alarms von dem Gen.ltn. v.Borstel, in der rührensten Stimmung und mit dem herzlichsten Mitgefühl, bekannt gemacht worden.

Von preuß. Truppen umgeben marschierte das Bataillon auf der Straße von Louvain ohngefähr eine Stunde weit, nahm Position und erhielt jetzt den Befehl die Gewehre anzusetzen. – Dieser Befehl musste sehr befremden, da die preuß. Truppen, wohl 7 – 8.000 Mann von allen Waffengattungen in völliger Bewegung blieben, in gedrängten Kolonnen sich aufstellend das Bataillon völlig umschlossen und hinter demselben eine Batterie auffuhr und abprotzte.

Der Gen.mj. v.Pirch 1ste berufte die Offiziere einige hundert Schritte vor die Front und las ihnen die folgende Ordre vor:

Namur den 6ten Mai 1815

Mit Schmerz und Betrübnis mache ich Ihnen Hr. Major bekannt, dass unser Oberfeldherr des Hr. Fürsten Blücher von Wahlstadt Durchlaucht in Rücksicht, dass das Grenadier-Regiment – wenige Individuen ausgenommen – an den tumultarischen Auftritten vom 2ten Mai in Lüttich Teil genommen und späterhin durchgängig einen verderblichen Geist des Ungehorsams gegen seine eigenen Offiziere dargetan, nach den Grundsätzen einer notwendigen Strenge, beschlossen hat, das Grenadier-Regiment nicht mehr bestehen zu lassen.

Als Anerkennung Ihres, und des guten Benehmens der Offiziere des Garde-Grenadier-Bataillons sollen diesen ihre Degen gelassen und ihnen mein Hauptquartier, bis auf Weiteres, zum Aufenthalt angewiesen werden.

Das Garde-Grenadier-Bataillon wird mit Zurücklassung seiner Waffen, unter einer angemessenen Begleitung preuß., ihr Unglück ehrenden, Kriegern nach Tirlemont als den einstweiligen Bestimmungsort geführt werden. – Die Fahne des Regiments wird abgegeben.

Ich habe mich für die schleunigste Vereinigung des Bataillons mit den Gefährten seines Unrechts bei des Hr. Feldmarschall Durchlaucht verwendet.- mir bleibt jetzt nur noch der herrliche Wunsch und die Aufforderung übrig, dass Sie Ihren ganzen Einfluss auf das Ihren Befehlen untergebenen Bataillons verwenden mögen, dass es sein früheres Vergehen nicht jetzt durch neue Widersetzlichkeiten vermehre, dadurch sein Schicksal verschlimmere und mich zwinge, die über das Bataillon unabänderlich verfügte Strafe, mit Gewalt vollziehen zu lassen.

Gen.ltn. v.Borstel

Erfreute sich das Bataillon der Teilnahme des Gen.ltn. v.Borstel – dem es sich hoch verpflichtet halten wird – so war auch die Art und Weise, mit der der Gen.mj. v.Pirch, den gerechten Schmerz desselben ehrend, dies harte Gebot ausführte, in aller Hinsicht edel und feinfühlend. Das Offizierskorps machte der Mannschaft nun diesen Befehl bekannt – mit welchen Gefühlen vermöchte keine Schilderung genügend auszudrücken – mit gebrochenen Herzen, in dumpfer Verzweiflung, hingen die Grenadiers ihre Patronentaschen und Säbel auf die schon angesetzten Gewehre und griff vielleicht hier und da noch ein Arm nach der Waffe, um die ihm von seinem König anvertraute Fahne nur mit den Ende des Lebens zu verlassen, so behielt doch der Gehorsam die Oberhand und willig ließ das Bataillon sich abführen, seinem König ein einstimmiges oft wiederholtes Lebehoch bringend; die Offiziere, Feldwebel, Chirurgen, Fouriers und die Musik blieben bewaffnet.

Auf Befehl des Gen.ltn. v.Borstel stellte der Gen.mj. v.Pirch dem Offizierskorps anheim, dem Bataillon zu folgen oder nach Namur zurückzukehren, da er nach dem früheren Ausspruch desselben, ersteres erwarten zu können, schon vorausgesetzt hatte. – Im Gefühl der Pflicht und Dankbarkeit für das gute Benehmen der

Grenadiere baten die Offiziere einstimmig, nicht von ihnen getrennt zu werden.

Ebenfalls mit Genehmigung des Gen.ltn. v.Borstel blieb ein Offizier, 2 Unteroffiziere und ein Grenadier – die ältesten von jeder dieser Charge – armiert bei der Fahne, da der Bataillonskommandant, durch die Beistimmung des oben genannten Gen.ltn. ermutigt, durch eine persönliche Bitte bei dem Fürsten Blücher, ein milderes Schicksal dem Bataillon zu verschaffen noch hoffend, nach Lüttich eilte. Bei seiner Ankunft daselbst war der nachfolgende Tagesbefehl schon erlassen und ohne allen Erfolg kehrte er zu dem Bataillon zurück, welches den 6ten nach Tirlemont, den 7ten in die Umgegend von Louvain geführt, durch die Humanität des Eskorte-Kommandanten, des preuß. Husaren-Rittmeisters Graf Wedel, in einer – wie die Ordre des Gen.ltn. v.Borstel sagte – das Unglück ehrenden Gefangenschaft gehalten wurde; die Offiziere waren einquartiert, die Mannschaften in einigen Kirchen und Schlössern untergebracht.

Lüttich den 6ten Mai 1815

Soldaten des sächs. Armee-Korps! Schauderhafte Verbrechen sind aus Eurer Mitte hervorgegangen. Mit Vertrauen hatte ich mein Quartier unter Euch aufgeschlagen, als ich von einer Rotte Rebellen, die ihren Offizieren den Gehorsam ausgesetzt hatten und drei Tage in Aufruhr verharrten, meuchelmörderisch angefallen wurde.

Soldaten! Ihr würdet beschimpft, Eurer National-Ehre verlustig vor ganz Europa erscheinen, wenn ich Euch nicht das formelle Zeugnis geben müsste, dass Ihr das Gefühl des Abscheus gegen eine verworfene Rotte; welche die ersten Pflichten des Soldaten, Gehorsam gegen seine Offiziere verletzen konnte, hinreichend ausgedrückt hättet.

Ihr habt mit Vertrauen auf mich gerechnet, dass ich die Ansprüche, die Eure Ehre und die Kriegsgesetze zu machen berechtigt, erfüllen würde. – Ihr habt Euch nicht getäuscht. Das Grenadier-Regiment hat aufgehört zu sein – die von ihm entehrte Fahne ist verbrannt worden und dem Verbrechen ist die Strafe auf dem Fuße gefolgt.

Soldaten! Fahrt fort, auf die Stimme Eurer Offiziere zu hören, sie sind nicht allein beauftragt, Euch am Tage der Schlacht zu führen, es gehört auch zu ihren Pflichten, für Euer Wohl und die Erhaltung Eurer Ehre zu sorgen.

Ich kann Euch dann meinen Beifall nicht besser zu erkennen geben, als wenn ich zur Erhaltung Eures, bis jetzt unbefleckten Namens fortfahre, diejenigen der Strenge des Gesetzes zu überliefern, die Verführer oder Verführte es wagen sollten, den Soldaten-Ruhm durch Freveltaten zu beschimpfen.

Blücher

Das Verbrennen der Fahne hatte die wohlwollende Güte des Gen.ltn. v.Borstel nicht vollziehen lassen; er nahm die Fahne, welche sich noch in dem Gewahrsam des Hauptmann v.Dziembowsky und der kommandierten Mannschaften in Namur befunden hatte, aus den Händen des Bataillons-Kommandanten an sich mit dem

Versprechen der heiligen Aufbewahrung, solange sie sich bei ihm und seinem Armee-Korps befände.

Leider wurde späterhin dieser Befehl noch in Lüttich ausgeführt und der Gen.ltn. v.Borstel ein Opfer seines hohen Edelmutes.

Unbezweifelt hat auch beim Garde-Grenadier-Bataillon das Dezimieren oder Totschießen der Rädelsführer der Befehl des Fürsten Blücher angeordnet gehabt; in einer Niederrheinischen Zeitung war sogar die Entwaffnung des Grenadier-Regiments offiziell mit durchaus richtigen Angaben, jedoch mit dem Beifügen aufgeführt *„dass von dem Garde-Grenadier-Bataillon einige Offiziere und namentlich ein Hauptmann v.Sahr erschossen worden wären, ingleichen habe man die Fahne und die Uniform dieses Bataillons verbrannt".*

Das 2te und 3te Grenadier-Bataillon hatten den 5ten Mai Nachts den Befehl des Fürsten Blücher erhalten, sich den 6ten früh 5 Uhr, ersteres zwischen Bierzet und Lozent, letzteres zwischen Varoux und Rolaux zusammen zu ziehen und daselbst weiteren Anordnungen gewärtig zu sein.

Das 2te Grenadier-Bataillon war, mit Ausnahme der Hälfte der 4ten Kompanie auf dem bezeichneten Platz – eine Stunde von Lüttich – angekommen und hatte die Gewehre angesetzt, als gegen 7 Uhr preuß. Kolonnen erschienen, welche das Bataillon in der Entfernung von 100 Schritten einschlossen. Einige Zeit darauf brachte ein Adjutant des preuß. Gen.mj. v.Krafft dem Bataillons-Kommandanten, Major v. Wolframsdorf, den Befehl, sich mit dem Bataillon auf Diskretion zu ergeben. Der

Major v.Wolframsdorf versammelte die Mannschaft, ohne sie ins Gewehr gehen zu lassen, machte ihnen diese erhaltene Anordnung bekannt, sie ermahnend, dass nur die unbedingte Ergebung ihr Schicksal mildern könne. Durch ein lautes Ja! machten sie ihre willige Folgeleistung dem Major bekannt; - Patronentaschen und Säbel wurden auf die Gewehrpyramiden gehangen und hierauf die Mannschaft von einem preuß. Bataillon umgeben. Als dieses geschehen war, eröffnete der Gen.mj. v.Krafft auf Befehl des Fürsten Blücher, dass die Offiziere frei, die Mannschaft aber, im Falle sie die Rädelsführer nicht entdecken wolle, dezimiert werden solle.

Keine Vorstellung vermochte die Grenadiere Rädelsführer anzugeben; daher ward durch einen preuß. Major nach den Listen der Feldwebel der zehnte Mann verlesen und vorzutreten befehligt. Schon war einigen Grenadieren auf diese Art das Todeslos gefallen, die nach dem Ausspruch ihrer Kameraden ganz unschuldig waren, als der Gen.mj. v.Krafft den Bitten der Offiziere und Mannschaften Gehör gab, einige ihm nun als Rädelsführer bezeichnete Soldaten sich vorführen ließ, nach einer kurzen mündlichen Untersuchung, jedoch ohne alle militärisch-rechtliche Form, von diesen 1 Tambour und 3 Grenadiers zum Tode verurteilte, sogleich vor ein preuß. Bataillon führen und das Urteil vollstrecken ließ.

Die Offiziere begaben sich nach Lozent, später nach Lüttich, die Mannschaft wurde abgeführt; baldigst darauf traf auch die Hälfte der 4ten Kompanie ein, sie war bereits früh, noch in ihren Kantonierungsquartieren, von einem durchmarschierenden preuß. Infanterie-Regiment entwaffnet worden; sie folgte nun dem Bataillon nach.

Das 3te Grenadier-Bataillon hatte sich auf dem bestimmten Platz vereinigt, die Mannschaft dem anwesenden Regiments-Kommandanten, Oberstleutnant Anger, das Versprechen gegeben, Alles was über sie verhängt werden könnte, mit Ruhe zu erwarten, als ½ Stunde darauf die Spitzen anrückender preuß. Truppen und bald nachher der preuß. Oberst v.Pfuhl erschien. Dieser machte dem Oberstleutnant Anger den Befehl des Fürsten Blücher bekannt: „*es müsse das Bataillon wegen Teilnahme an den verübten Meutereien und besonders wegen Verweigerung des Gehorsams bei dem anbefohlenen Abmarsche bestraft werden, wovon jedoch die Offiziere, Feldwebel, Chirurgen und Fouriers sowie die ganze Mannschaft, welche am 2ten Mai die Wache gehabt und sich rühmlich benommen habe, ausgenommen sein solle; die übrigen Mannschaften aber würden entwaffnet und transportiert werde.*".

Bedeutende Truppenmassen, 2 Kavallerie-Regimenter, 8 – 10 Bataillone Infanterie und 2 Batterien, waren indessen, jedoch in der Entfernung von 12 bis 1500 Schritten von dem Bataillon aufmarschiert, welches die Gewehre angesetzt, ruhig diesen Vorkehrungen zusah. Der Oberstleutnant Anger machte dem Bataillon, nachdem er es hatte in das Gewehr treten lassen, diesen Befehl bekannt, formierte die Wachmannschaft auf dem linken Flügel, ließ den Übrigen das Gewehr ansetzen, Taschen und Seitengewehre ablegen und in einem besonderen Trupp aufstellen. Mit der tiefsten Rührung, aber der ruhigsten Ergebung in das traurige Schicksal, wurde dies ausgeführt. Die Offiziere und die Wachmann-schaften marschierten nach Lüttich, der entwaffnete Teil wurde transportiert. In einiger Entfernung vom Entwaff-nungsplatze ließ der Kommandant der Eskorte Halt machen und begann wie beim 2ten Bataillon das Dezimieren. Der erste Grenadier, den das Los traf, war ein ganz junger Soldat; einstimmig erklärten seine Kameraden, er sei völlig unschuldig, sie könnten solches verbürgen, daher aber auch nicht zugeben, dass er sterben solle. Gerührt von dieser Szene verlangte nun der Kommandant, um nicht mehrere Unschuldige in dies Unglück zu verflechten, die Rädelsführer anzugeben; es wurden 3 Grenadiere ihm genannt und sofort erschos-sen. – Mit der kältesten Todesverachtung und dem Rufe: *es lebe der König von Sachsen* starben diese, aus wahrer Anhänglichkeit an ihren König in missverstandenem Eifer irregeleiteten Soldaten; - so auch beim 2ten Bataillon.

Die Geschichte, zu der wahren Darstellung des Geschehenen allein angewiesen, darf sich kein Urteil erlauben, - doch in dieser Voraussetzung darf sie den tiefen Schmerz erwähnen, den alle diese Vorfälle, das Verbrennen der Fahne mit dem heiligen Namenszug des Königs und mit dem Wappen der Nation bezeichnet, die Bestrafung des Grenadier-Regiments, insbesondere die Verfahrensart bei dem Totschießen, bei der ganzen Armee und dem Vaterlande erzeugte.

Die weitere Bestimmung des Grenadier-Regiments blieb vor der Hand ein Geheimnis; nach der Mitteilung der Offiziere der Eskorte, scheint jedoch die Absicht gewesen zu sein, es an den Großbritannischen Marschall Wellington abzugeben und zu diesem Ende einzuschiffen und die Insel Walcheren wurde als der Punkt genannt, wohin es gebracht werden sollte.

Bis den 17ten Mai blieb das Regiment in und bei Tirlemont stehen; den 10ten war es dahin verlegt worden. Hier mussten die Offiziere des Garde-Grenadier-Bataillons schmerzlich erfahren, dass man ihre Absicht, die Mannschaften nicht zu verlassen, um jedes Geschick mit ihnen zu teilen, eine falsche Deutung gab, sie also missbilligte. Der Kommandant der Eskorte hatte nämlich von dem General Grafen Gneisenau den Befehl erhalten, jeden Offizier, gleich den Gemeinen, auf der Stelle mit dem Tode zu bestrafen, der irgendeine Widersetzlichkeit zeigte oder überwiesen würde, eine dergleichen bei den Soldaten angezettelt zu haben; übrigens könnte die Offiziere – was ihnen doch bereits zugestanden war – ihre Degen behalten und die gewöhnlichen Rücksichten in Hinsicht der Einquartierung für sie genommen werden.

Die hierauf an den General Graf Gneisenau Seiten des Offizierskorps eingereichte Vorstellung, wie einzig und allein die Absicht, Ruhe und Ordnung unter der Mannschaft zu erhalten und das Schicksal derselben dadurch zu erleichtern, diesen Schritt herbeigeführt habe, sollte man jedoch Misstrauen in diese Versicherung setzen, das Offizierskorps unweigerlich jeder anderen Verfügung sich unterwerfen werde, hatte die Folge, dass der General Graf Gneisenau in einem Schreiben, diesen Befehl als eine rein disziplinarische und von der Vorsicht gebotene Maßregel erklärte, übrigens seine Billigung aussprach, dass die Offiziere dem Bataillon folgen.

In gänzlichem Ungewiss über das weitere Geschick, war der 17te Mai und mit ihm der Befehl zur Transportierung des Regiments nach Wesel erschienen; jedes Bataillon unter besonderer Eskorte marschierte über Tomhout, Pillberg, Herzogenbusch, Nimwegen und Emmerich und traf den 25ten Mai in Wesel ein. Der Kommandant von Wesel ordnete den weiteren Marsch nach Magdeburg an; die Mannschaften wurden in Abteilungen zu 200 Mann eskortiert, mit dem 3ten Bataillon angefangen, diesem folgte das 2te, hierauf das 1ste und die Offiziere des letzteren Bataillons machten unter Begleitung eines Offiziers den Beschluss. Die erste Kolonne setzte sich den 26ten im Marsch, die Offiziere den 3ten Juni und wurden über Dorsten, Münster, Lemgo, Hameln, Braunschweig und Helmstedt dirigiert, die Mannschaft in Magdeburg in Kasernen einquartiert, die Offiziere aber nach Neuhaltersleben, 6 Stunden von Magdeburg, verlegt, wo sie den 19ten Juni eintrafen.

Die Anordnung, die Offiziere von den Mannschaften zu trennen, vereitelte den von dem Offizierskorps sich vorgesetzten Zweck und bestimmte dasselbe, sich mehrmalen an den General Grafen Gneisenau schriftlich zu verwenden, ihn bittend, da das weitere Folgen auf diese Art den Mannschaften gar nichts nützen könne, von dem Fürsten Blücher die Genehmigung auszuwirken, dass dasselbe sich der Armee wieder anschließen dürfe, um dem bevorstehenden Feldzuge beiwohnen zu können.

Die Antwort dieses Generals traf erst in Magdeburg das Offizierskorps und besagte, dass der Friedensvertrag mit dem König von Sachsen nun geschlossen sei, daher die Offiziere dessen Befehle zu erwarten haben.

Auf dem Marsch nach Magdeburg betraf die Offiziere des Garde-Grenadier-Bataillons noch ein sehr unangenehmer Vorfall; zwischen Lemgo und Hamlen stießen sie auf einen Trupp ostpreuß. Freiwilliger Jäger, welche ohne die mindeste Veranlassung nicht nur die allerniedrigsten Schimpfreden ausstießen, sondern sich sogar durch Kolbenstöße, Fußtritte und Werfen mit Kot auf das Empörenste an ihnen vergingen; und hätten nicht die, etwas später auf diesem Platz eintreffenden pommerschen Freiwilligen sie in Schutz genommen, so war gar nicht abzusehen, wie weit die Brutalität der ersteren es getrieben haben würde. Der hannöversche Kommandant von Hameln erstattete Meldung über diesen Vorfall an das preuß. Generalkommando – und sollen die Freiwilligen bestraft worden sein.

Sämtlichen preuß. Offizieren, welche die Eskorte des Grenadier-Regiments befehligten, insbesondere aber dem Rittmeister Graf v.Wedel, gebührt die Anerkennung durch Humanität, und wo es notwendig war, durch kräftigen Schutz und Vorsorge, das Geschick der Offiziere und Mannschaften möglichst erleichtert zu haben. Seiten der preuß. Offiziere war aber auch nicht die geringste Klage über die Mannschaften zu führen gewesen, alle Bataillone, selbst die die ohne Offiziere waren, erhielten sich in der strengsten militärischen Ordnung. Auch in Magdeburg ward der Mannschaft, von dem Wohlwollen des Kommandanten, der preuß. General v.Hirschfeld, ein gutes Ergehen zu Teil.

Ehe noch alle Kolonnen Magdeburg erreichten, war der sächs. Hauptmann Oberreit von dem Gen.ltn. v.Lecoq beauftragt, die Auslieferung der Offiziere des Garde-Greandier-Bataillons und der sächs. gebliebenen Mannschaften zu bewirken, ingleichen mit der Vollmacht versehen, die preuß. werdenden Soldaten ihres Eides zu entlassen, den 17ten Juni daselbst angekommen, zum 24ten war dieses Geschäft beendet. Das Garde-Grenadier-Bataillon trat den Rückmarsch nach Sachsen über Zörbig nach Leipzig an, ging über Wurzen, Oschatz nach Meißen, woselbst es den 1sten Juli ankam, armiert wurde und den 10ten Juli in Dresden einrückte.

Die Mannschaften des 2ten und 3ten Grenadier-Bataillons gingen zu dem bei Paderborn unterdessen eingetroffenen sächs. Armee-Korps ab, daselbst war auch der bewaffnet verbliebene Teil des 3ten Grenadier-Bataillons, welcher unter den Befehlen des Hauptmann Geibler in dem Hauptquartier des Fürsten Blücher bis die ersten Tage des Monats Juni verblieben, auch daselbst geteilt worden war, angekommen. Dieser Teil des Bataillons hatte die ausgezeichnetsten Lobsprüche von dem Fürsten Blücher über sein Verhalten den 2ten Mai erhalten; als Beweis der Zufriedenheit war der Hauptmann Geibler von dem König von Preußen zum Major befördert worden, und versah die Mannschaft mit den preuß. Truppen gemeinschaftlich die Wacht des Fürsten. Die Offiziere des 2ten und 3ten Bataillons waren bei diesem Truppenteil, mit Ausschluss der Stabsoffiziere welche sich dem sächs. Hauptquartier anschlossen, zugeteilt worden.

Da das Geschick des Grenadier-Regiments selbiges gänzlich von der Armee getrennt hatte, so sei noch ein kurzer Rückblick auf diese hier eingeschaltet.

Wir haben sie den 4ten Mai verlassen, wo eine Ordre des Fürsten Blücher die Teilung unter sehr modifizierten Verhältnissen angeordnet hatte; es sollten nämlich die Truppen noch nicht getrennt, nur in sich nach den Geburtsorten in preuß. und sächs. Kompanien formiert werden und bis zur Ratifikation vereint bleiben. Durch diese Ordre scheint man eine Nachlassung der früher gegebenen Befehle für notwendig erachtet zu haben, welche man allerdings nicht gänzlich aufheben konnte, ohne das preuß. Generalkommando zu kompromittieren.

Warum wurde die Teilung nicht gleich in dieser Art befohlen? Oder hätte man nicht bis zur Entscheidung des Königs von Sachsen damit Anstand nehmen können? Schmerzlich drängen sich diese Fragen auf.

Alle eingetretenen so traurigen Ereignisse wären vermieden und auch der Armee die Teilnahme an den glorreichen Ereignissen, welche bald darauf auf diesem Teil des Kriegsschauplatzes vorfielen, nicht genommen gewesen, welches umso wichtiger sein musste, um den immer noch bei den preuß. Machthabern bestehenden Glauben, einer günstigen Stimmung der Armee für Napoleon, durch die Tat widerlegen zu können.

Die sächs. Armee, in ein Kantonnement bei Krefeld verlegt, hatte die Teilung vollzogen, welche mit dem willigsten Gehorsam Seiten der Soldaten erfolgt war, wenn schon die zuerst angeordnete Teilung die Gemüter sehr aufgeregt hatte. Hier gingen erst, obschon noch nicht offiziell, doch verbürgte Nachrichten ein, dass der König von Sachsen die Abtretungsakte – der Hälfte des Landes – unterzeichnet habe. Es war dies also einen ganzen Monat später erfolgt, als die preuß. Befehle es verkündet hatten. So herzzerreißend auch diese Gewissheit war, so ließ sich doch nun das Ende der für die Armee so schrecklichen Zeit hoffen. Indes eine Ordre des Fürsten Blücher befahl, dass das Korps sogleich über den Rhein zurückgehen und in die Gegend von Paderborn verlegt werden solle, weil die häufigen Beschwerden zeigten, dass die Ordnung und Disziplin noch nicht zurückgekehrt sei. Dieser Ordre folgte eine zweite, enthaltend, dass da die Truppen auf dem rechten Rheinufer bedeutende Exzesse sich zuschulden kommen ließen, so solle sofort und ohne die Ankunft des sächs. Kommissarius zu erwarten, die Teilung erfolgen. Beide Beschuldigungen können – beiläufig gesagt – genügend widerlegt werden, und fielen einzelne Zwistigkeiten zwischen den Einwohnern der preuß. Provinzen vor, welche durch geflissentliche Vergrößerungen über die Vorfälle in Lüttich unterrichtet, gegen die Sachsen eingenommen waren, so hatten beide Teile Veranlassung gegeben.

Die Teilung musste, ohngeachtet der eingelegten Protestation und, obschon die Ankunft des Gen.ltn. v.Lecoq als Bevollmächtigter des Königs von Sachsen stündlich zu erwarten war, begonnen werden. Man hatte mit dem Material der Armee angefangen, als im Laufe des 12ten Juni der Gen.ltn. v.Lecoq ankam und nun unverzüglich zu der Teilung der Armee schritt. Der

General las jeder Truppenabteilung die von Sr Majestät dem Könige von Sachsen erlassene Eides-Entlassung vor, entband im Namen des Königs die preuß. werdende Mannschaft ihrer bisherigen Pflichten, ermahnte sie zum Gehorsam in ihren neuen Verhältnissen und nahm sodann von ihnen einen rührenden, herzlichen Abschied.

Den Schmerz, als ein so großer Teil dieser treuen Soldaten ihres Eides entlassen wurde, war allgemein und ergreifend; - mit ruhiger Ergebung aber mit lautem Weinen marschierten die Abgetretenen zu ihrer nunmehrigen Bestimmung ab.

Dieses Benehmen der Truppen wird dartun, dass nicht Widersetzlichkeit gegen die Befehle, noch weniger ein sie beschuldigter undeutscher Sinn, sondern nur Treue für ihren angebeteten König das feindliche Verfahren gegen die Armee und die unseligen Maßregeln der illegitimen Teilung die Veranlassungen zu den unglücklichen Auftritten gegeben hatten. Denn, so wie jetzt, würde der Soldat, hätte ihm die Zustimmung des Königs am 2ten Mai bekannt gemacht werden können mit Würde und Ergebung sich in sein trauriges, unvermeidliches Los gefügt haben.

Nach beendigter Teilung der Armee ward der, dem Hause Sachsen verbliebene Teil in und bei Osnabrück versammelt und unter die Befehle des Gen.ltn. v.Lecoq gestellt. Nach der erfolgten Formierung stieß das Korps, aus 16.000 Mann bestehend, zu der öster. Armee und war der Hauptbestandteil des vom Herzog von Sachsen-Coburg befehligten Armee-Korps, welches am Oberrhein aufgestellt war.

In Folge der neuen Organisation der Armee ward aus dem Reste des Grenadier-Regiments ein Leib-Grenadier-Regiment zu 2 Bataillons errichtet; das 1ste Bataillon mit der besonderen Benennung Leib-Grenadier-Garde-Bataillon aus dem vormaligen Garde-Grenadier-Bataillon, das 2te als Leib-Grenadier-Bataillon aus dem 2ten und 3ten Grenadier-Bataillon - und die Formierung vom 1sten August an datiert.

Se. Majestät der König geruhten sich zum Chef dieses Regiments zu erklären und das Kommando desselben dem Obersten v.Radeloff zu übertragen.

Bei einer den 21ten August 1815 von dem Gen.ltn. v.Zeschau über das Leib-Grenadier-Garde-Bataillon gehaltenen Revue, geruhten Ihre Majestät die Königin ein Höchsteigenhändig gesticktes Band durch denselben dem Bataillon überreichen zu lassen, welches dem Befehl der hohen Geberin gemäß, an die Fahne befestigt wurde.

꙰ ✶ ꙸ

Das **1ste Grenadier-Bataillon Leib-Garde** bestand am 3ten Mai 1815 in

1 Major

1 Adjutant

1 Oberquartiermeister

1 Ober-Regiments-Chirurg

1 Fahnjunker

1 Stabsfourier

1 Bataillons-Tambour

8 Hautboisten 1ster Klasse

11 Hautboisten 2ter Klasse

1 Büchsenmacher

3 Capitaines 1ster Klasse

1 Capitaine 2ter Klasse

4 Premier-Leutnants

8 Sous-Leutnants

4 Feldwebel

7 Sergeanten

4 Fouriers

4 Chirurgen

32 Korporals

12 Tambours

8 Zimmerleute

<u>632 Grenadiers</u> inkl. 1 aggr. Sous-Leutnant v.Klengel

746 Mann in Summe

Fehlen am Etat:

  1 Oberst

  1 Hautboist 2ter Klasse

  1 Sergeant

  <u>8 Grenadiers</u>

  11 Mann

Von vorstehendem Bestande der 746 Mann sind:

<u>a) Kommandiert</u>

1 Major v.Jeschki	in Limburg
1 Fourier	
2 Grenadiers	
1 Capitaine v.Kiesewetter	in Erfurt
1 Grenadier	
1 aggr. Pr.ltn. v.Einsiedel	auf Wacht bei dem Hrn.
2 Korporals	General v.Kleist
25 Grenadiers	
2 Grenadiers	beim Capt. v.Nostitz
1 Grenadier	beim Oberst v.Zezschwitz
1 Grenadier	als Schreiber beim Equipierungsdepot
1 Chirurg	im Felddepot zu Linz
1 Korporal	
10 Grenadiers	
1 Stabsfourier	im Hauptquartier
1 Sergeant	
27 Grenadiers	
<u>1 Chirurg</u>	im Feldhospital Dresden
80 Mann	

<u>b) Krank</u>

1 Korporal   im Hospital zu Köln

<u>11 Grenadiers</u>

12 Mann

Es sind demnach entwaffnet und transportiert worden:

   1 Adjutant

   1 Oberquartiermeister

   1 Ober-Regiments-Chirurg

   1 Fahnjunker

   1 Bataillons-Tambour

   8 Hautboisten 1ster Klasse

 11 Hautboisten 2ter Klasse

   1 Büchsenmacher

   2 Capitaines 1ster Klasse aggr. Majors

   1 Capitaine 2ter Klasse

   4 Premier-Leutnants

   7 Sous-Leutnants

   4 Feldwebel

   6 Sergeanten

   3 Fouriers

   2 Chirurgen

 28 Korporals

 12 Tambours

   8 Zimmerleute

<u>552 Grenadiers</u> inkl. 1 aggr. Sous-Leutnant v.Klengel

654 Mann in Summe

<u>Hierüber</u>
2 Chirurgen so zur Dienstleistung zum Bataillon gesetzt
3 Train-Soldaten

An Preußen wurden in Magdeburg abgegeben:

1ste Kompanie	67 Mann
2te	80
3te	62
4te	66
	275 Mann

(gleiche Nachrichten zum 2ten und 3ten Bataillon fehlen)

Das **2te Grenadier-Bataillon** bestand am 3ten Mai 1815 in

2 Majors

1 Adjutant

1 Regimentsquartiermeister

1 Bataillons-Chirurg

1 Bataillons-Tambour

1 Büchsenmacher

4 Capitaines inkl. 2 aggr. Majors

3 Premier-Leutnants

8 Sous-Leutnants

4 Feldwebel

8 Sergeanten

4 Fouriers

4 Chirurgen

32 Korporals

10 Tambours

8 Zimmerleute

607 Grenadiers

699 Mann in Summe

Fehlen am Etat:

1 Premierleutnant

2 Tambours

33 Grenadiers

36 Mann

Von vorstehendem Bestande der 699 Mann sind:

a) Kommandiert

1 Fourier im Büro des Hrn. General v.Gneisenau

1 Grenadier	beim OSL v.Holleufer
1 Grenadier	beim Major v.Tiling
2 Grenadiers	beim Landdepot in Sachsen
1 Grenadier	beim Felddepot zu Linz
<u>1 Grenadier</u>	beim General-Stabs-Arzt Dr. Schön
7 Mann	

b) Krank

1 Capitaine aggr. Major v.Tiling	in Sachsen
7 Grenadiers	im Hospital zu Aachen
<u>8 Grenadiers</u>	im Hospital zu Köln
16 Mann	

Für den kgl. preuß. Dienst haben sich erklärt und vom Bataillon entfernt:

1 Major	v.Bünau
1 Adjutant	Kaiser
1 Regiments-Quartiermeister	Schramm
1 Capitaine aggr. Major	v.Langen
2	v.Reibold
3	v.Craushaar
1 Pr.ltn. aggr. Capitaine	v.Reinsperg
2	v.Schlegel
3	v.Reibold
1 Sousltn.	v.Dreverhof
2	v.Waldungen
3	Schmicke
4	Wunderlich

1 Gren.kadett v.Altrock

14 Mann in Summe

Nach Lüttich sind wieder eingerückt:

  1 Major v.Wolframsdorf

  1 Bataillons-Chirurg

  1 Büchsenmacher

  3 Sousleutnants

  1 Sergeant

  4 Fouriers inkl. 1 aggr

  4 Chirurgen

28 Grenadiers

43 Mann

Hierüber:

  1 Sousltn. v.Linsingen, welcher bei diesem Bataillon kommandiert steht

  3 Train-Soldsaten

Es sind demnach entwaffnet und transportiert worden

  1 Sousltn. v.Klüchzner welcher kommandiert bei der Garde gestanden

  1 Bataillons-Tambour

  4 Feldwebel

  7 Sergeanten

32 Korporals

10 Tambours, wovon 1 erschossen

  8 Zimmerleute

556 Grenadiers, wovon 3 erschossen

619 Mann in Summe

Das **3te Grenadier-Bataillon** bestand am 3ten Mai 1815 in

  1 Oberstleutnant

  1 Major

  1 Adjutant

  1 Bataillons-Chirurg

  1 Bataillons-Tambour

  1 Büchsenmacher

  4 Capitaines inkl. 1 aggr. Major

  4 Premier-Leutnants

  8 Sous-Leutnants

  4 Feldwebel

  8 Sergeanten

  3 Fouriers

  4 Chirurgen

 32 Korporals

 11 Tambours

  8 Zimmerleute

592 Grenadiers

684 Mann in Summe

Fehlen am Etat:

  1 Fourier

  1 Tambour

 48 Grenadiers

 50 Mann

Von vorstehendem Bestande der 699 Mann sind:

a) Kommandiert

  1 Korporal beim Hrn. General v.Lecoq

1 Major v.Spiegel	in Erfurt
2 Grenadiers	
1 Grenadier	beim Capt. v.Senfft
1 Grenadier	beim Ltn. v.Schlieben
1 Korporal	bei einem Proviant-Offizier

1 Grenadier als Schneider beim Equipierungsdepot

 3 Grenadiers   beim Felddepot zu Linz

11 Mann

b) Krank

 5 Grenadiers   im Hospital zu Köln

Nach Lüttich sind wiederum eingerückt

 1 Oberstleutnant

 1 Adjutant

 1 Bataillons-Chirurg

 1 Büchsenmacher

 4 Capitaines inkl. 1 aggr. Major

 4 Premier-Leutnants

 8 Sous-Leutnants

 4 Feldwebel

 6 Sergeanten

 3 Fouriers

 4 Chirurgen

20 Korporals

 5 Tambours

342 Grenadiers

404 Mann in Summe

Hierüber 3 Trainsoldaten

Es sind demnach entwaffnet und transportiert worden:

  1 Bataillons-Tambour

  2 Sergeanten

10 Korporals

  6 Tambours

  8 Zimmerleute

<u>237 Grenadiers</u> wovon 3 Mann erschossen

264 Mann in Summe

Rekapitulation

Von den Grenadier-Regiment sind entwaffnet und transportiert worden:

1stes Bataillon	18 Offiziers	641 Mann
2tes Bataillon	1	618
3tes Bataillon		264
Summe	19 Offiziers	1.523 Mann

Demnach sind nach Abzug der für den preuß. Dienst sich erklärten Offiziers noch vorhanden:

1stes Bataillon	3 Offiziers	89 Mann
2tes Bataillon	7	63
3tes Bataillon	20	403
Summe	30 Offiziers	555 Mann

Krefeld den 15ten Mai 1815

Der Hauptmann v.Nostitz

Eing. am 15ten Mai 1815

Tagesbefehl

Lüttich, am 6ten Mai 1815

Folgenden Herren Offiziers des 2ten sächs. Grenadier-Bataillons ist hiermit der der nachgesuchte Abschied aus Königl. Sächs. Diensten bewilligt:

1 Major	v.Bünau
2	v.Langen
3 Hauptmann	v.Reiboldt
4	v.Craushaar
5	v.Reinsperg
6 Prem.ltn. und Adjutant	Kaiser
7	v.Schlegel
8	v.Reiboldt
9 Sousltn.	v.Dreverhof
10	v.Waldungen
11	Schmicke
12	Wunderlich
13 Rgt.s-Quartiermstr.	Schramm
14 Fahnjunker	Altrock

/: unterzeichnet Blücher :/

Für gleichlautende Abschrift

Krefeld am 14ten Mai 1815

Oberst v.Zezschwitz

An den Intendanten
Herrn Hauptmann v.Nostitz

Quellen

Hauptstaatsarchiv Dresden

11373 Militärgeschichtliche Sammlung Akte Nr. 245

Stamm- und Rangliste der Königl. Sächs. Armee auf das Jahr 1813

Stamm- und Rangliste der Königl. Sächs. Armee auf das Jahr 1815

Abbildungen

01, 04, 05, 06 – Belgium Catholicum feu Decem Provinciae a. Tobias Maiero, Edentibus Homannianis Heredib. 1747

02, 03 – Akte 245, Bestand 11373 Hauptstaatsarchiv Dresden

In dieser Reihe sind an Memoiren, Berichten und Tagebüchern weiterhin erschienen:

No.xx Die Berichte der sächsischen Truppen aus dem Feldzug 1806 (I) Brigade Bevilaqua (**02**); (IV) Brigade Cerrini (**35**)

No.19 1812 – Die Sachsen in Russland / Der Feldzug des VII. Armee-Korps in den Tagesbefehlen des Generalstabes und der Intendanz

No.21 Das Tagebuch von Ernst Ferdinand Aster ... 1812

No.22 Das Tagebuch von Friedrich Ernst Aster ... 1812

No.23 1813 – Die Sachsen im eigenen Land / Der Feldzug der sächsischen Truppen im VII. Armee- Korps in den Befehlen und Rapporten des Generalstabes und der Intendanz

No.xx Friedrich Vollborn – Erlebtes (I+II) vom 16.04.1808 bis mit 27.03.1813 (**40**); (III) vom 28.03.1813 bis mit 15.03.1814 (**26**); (IV) vom 16.03.1814 bis mit 02.01.1816 (**34**)

No.37 Die Tagebücher von Johann Carl von Dallwitz (1812 – 1815) und Adolf George von Göphardt (1813)

No.41 Friedrich Gottlieb Probsthayn – Das Tagebuch vom 14.05.1813 bis 29.09.1814

No.42 Die sächsischen Chevauxlegers-Regimenter (I) – Schriftstücke zum Feldzug von 1812

No.43 August Friedrich Wilhelm von Leysser - Das Tagebuch d. Kommandeurs der Garde du Corps 1812

No.xx Carl Friedrich Böhme: Tagebuch 2te Periode (I) vom 21.06.1812 bis mit 09.11.1812 (**45**); (II) vom 10.11.1812 bis mit 11.05.1813 (**46**)

No.47 Zur Geschichte der Sächs. Leib-Grenadier-Garde (I) 14.08.1813 – 14.11.1813